Klick!

Deutsch

Arbeitsheft 6
Schreiben und Lesen

Lösungen

Meine Hände, meine Schrift – schreiben üben

Seite 4

3 ☒ Andere sollen gut lesen können, was ich geschrieben habe.
☒ Ich will später noch lesen können, was ich geschrieben habe.
☒ Die Buchstaben sollen richtig aussehen und nicht wie Fehler.

4 *Zum Beispiel:*
Es sieht schön aus, wenn man gut lesbar schreibt.

Seite 5

1 c) ☐2 Ich strecke meine Finger aus.

☐1 Ich drücke meine Fäuste kräftig zusammen.

☐3 Ich schüttele meine Hände aus.

Seite 7

1 b)

 *Ich schreibe meinen Namen und das Datum auf jedes Blatt.*

 *Ich schreibe auf der Schreiblinie.*

 *Ich schreibe nur bis zum Rand.*

 *Ich verwende ein Lineal zum Unterstreichen.*

Weltmeisterschaften – Sachtexte lesen mit Strategie

Seite 8

1 *Diese Wortgruppen hast du sicher eingekreist:*
drei Siegerinnen, einen Wettkampf im Schwimmen, eine Weltkarte

2 b) ☒ *um sportliche Wettkämpfe*

Seite 9

4 a) *Sicher hast du den Satz in Zeile 11 markiert.*
b) *Kontinente sind Erdteile wie Europa, Afrika oder Asien.*

5 *Die Abkürzung für Weltmeisterschaft ist WM.*

6 Abschnitt 1: *sportliche Wettkämpfe*
Abschnitt 2: *Sportlerinnen und Sportler aus der ganzen Welt*
Abschnitt 3: *Weltmeisterin oder Weltmeister*

Lösungen

1 c) *Zum Beispiel:*
In dem Text geht es um eine
Weltmeisterschaft mit Gummistiefeln.

2 b) *Sicher hast du diese Überschriften*
markiert:
① **Der Gummistiefel-Weitwurf**
② **Die Regeln**
③ **Die weitesten Würfe**

Seite 11

3 ① *Der Gummistiefel-Weitwurf*
Diese Sportart kommt aus Finnland.
Sie werfen einen Gummistiefel so weit
wie möglich.

② *Die Regeln*
Männer müssen mit Schuhgröße 43 werfen.
Frauen müssen mit Schuhgröße 38 werfen.
Man darf den Schaft nicht einrollen.

③ *Die weitesten Würfe*
Eine Frau warf 49,35 Meter weit.
Ein Mann warf 68,03 Meter weit.

Seite 13

2 a) *Sicher hast du den Satz in*
den Zeilen 10–11 markiert.
b) *In einer Nationalmannschaft spielen*
nur die besten Sportlerinnen und Sportler
für ein Land.

3 b) *Das Trikot ist das Sporthemd.*
Der Pokal ist der Preis für den Sieg.

4 *im Jahr 1930*
Nationalmannschaften
für Weltmeister-Titel
einen Pokal

5 *Zum Beispiel:*
① *Die ersten Weltmeisterschaften*
② *Die Mannschaften*
③ *Die Sterne auf den Trikots*
④ *Der WM-Pokal aus Gold*

Seite 14

1 b) *Das Diagramm informiert über die*
WM-Titel im Fußball bei den Frauen
von 1991–2024.

2 b) *USA, Deutschland, Japan, Norwegen,*
Spanien

3

Die WM-Titel* im Fußball bei den Frauen
von 1991–2024

4 a)

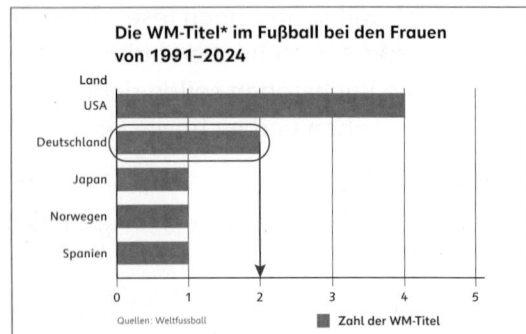

Die WM-Titel* im Fußball bei den Frauen
von 1991–2024

4 c) Deutschland hat bei den Frauen
2 WM-Titel gewonnen.

Seite 15

5 *Das Diagramm informiert über die WM-Titel*
im Fußball bei den Männern von 1930–2024.

6 *Die meisten WM-Titel hat Brasilien*
gewonnen.

7 *Deutschland hat 4 WM-Titel gewonnen.*

8

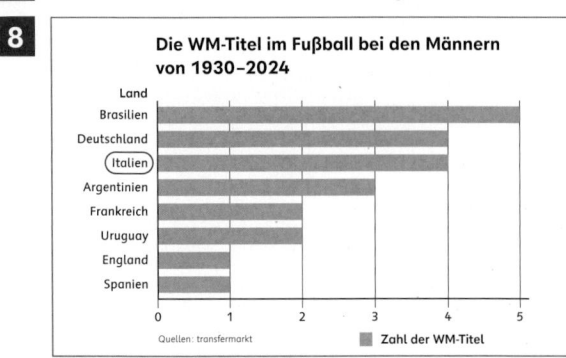

Die WM-Titel im Fußball bei den Männern
von 1930–2024

**Ein Besuch im Naturpark –
Gebrauchstexte lesen**

Seite 16

2 In dem Prospekt gibt es *6* Angebote.

Seite 17

4 und **5**

Backwerkstatt
Backe dein
eigenes Brot.

*für Kinder und Jugend-
liche von 10–16 Jahren*

Esel-Trecking
Erkunde den Wald
mit unseren Eseln.

für Kinder bis 10 Jahre

**Woher kommt
Honig?**
Entdecke unsere
Bienen.

*für Kinder
von 6–10 Jahren*

Klettern
Klettere am
Jäger-
felsen.

*für Kinder und Jugend-
liche von 8–16 Jahren*

Park-Rallye
Erkunde den Park
in deiner Gruppe.

*für Kinder und Jugend-
liche von 10–16 Jahren*

Kunst im Wald
Gestalte dein
eigenes
Kunstwerk
im Wald.

für Kinder bis 12 Jahre

6 Diese Angebote passen für das Alter
der vier Kinder:
Backwerkstatt   Park-Rallye
Klettern   Kunst im Wald

7 b)

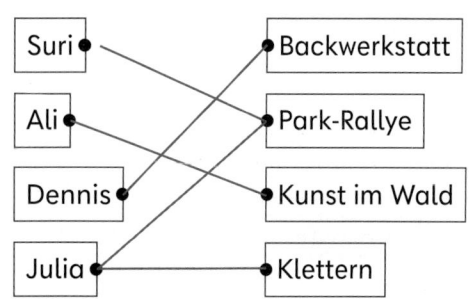

Seite 18

2 *Diese Wortgruppe hast du bestimmt
eingekreist:*
Start: (an der Information)

3 ⊠ Turnschuhe   ⊠ Sportkleidung

Seite 19

4 ① *Park–Rallye*
Was genau?
Park mit Gruppe erkunden,
Plan mit Stationen, Aufgaben lösen
Mitbringen?
feste Schuhe, Regenkleidung,
Essen und Getränke
Mittagessen?
Picknick

② *Klettern*
Was genau?
am Jägerfelsen klettern, Trainer erklären
Ausrüstung, sichern dich mit Seil
Mitbringen?
Turnschuhe, Sportkleidung
Mittagessen?
kostenlos, belegte Brote und ein Getränk

5 *Zum Beispiel:*
⊠ Ich finde das Klettern besser,
weil ich gern Sport mache.

3

Lösungen

Seite 20

2 b)

> Liebe Julia,
>
> am Freitag, den 26. Juni, machen wir unseren Ausflug in den Naturpark *Jägerberg*.
> Wir treffen uns um 8:00 Uhr in der Schule. Von dort fahren wir mit dem Bus.
> Du hast dich für das **Angebot Park-Rallye** entschieden.
>
> **Folgende Dinge solltest du daher mitbringen:**
> – feste Schuhe und Regenkleidung
> – Trinkflasche mit Wasser
> – Sonnenschutz (Sonnencreme und Käppi oder Hut)
> – für das Picknick in der Mittagspause: Essen und Getränke
>
> Gegen 15:00 Uhr sind wir wieder an der Schule. Von dort könnt ihr wie gewohnt
> mit den öffentlichen Verkehrsmitteln nach Hause fahren oder eure Eltern holen
> auch ab.
>
> **Bis bald! – Deine Lehrerin Frau Mesin**

c) *Ausflug zum Naturpark Jägerberg*

- *Datum des Ausflugs: Freitag, den 26. Juni*
- *Treffpunkt und Uhrzeit: in der Schule, um 8:00 Uhr*
- *Mitbringen: feste Schuhe und Regenkleidung, Trinkflasche mit Wasser, Sonnencreme und Käppi, Essen und Getränke*
- *Ende des Ausflugs: gegen 15:00 Uhr, an der Schule*

Von Regen und leisen Tieren – Gedichte lesen

Seite 22

1 b) *Zum Beispiel:*
Der Regen X macht fröhlich.

3 *Regenlied*

4 *Diese Wörter hast du sicher eingekreist:*
die gute Laune, das Wasser, der Spaß, die frische Luft, bunt

Seite 23

5 Das Gedicht hat 3 Strophen.

6 b) X Der Regen macht das Gras grün.
X Die Kinder spielen gerne im Regen.

7 b) X Der Regen macht die Luft sauber.
X Wir spüren die Regentropfen auf unseren Nasen.

8 b) *Diesen Satz hast du sicher markiert:*
Die Sonne will scheinen und es entstehen Regenbogen.

Seite 24

2 b) *Diese Tiere hast du sicher markiert:*

In der ersten Strophe: ein Fischlein

In der zweiten Strophe: ein Falter

In der vierten Strophe: ein Rehlein

Seite 25

5 b) Man muss *mäuschenstill* sein.
Das bedeutet: still wie eine *kleine Maus*.

6 *Diese Wörter hast du sicher eingekreist:*
sehr leise, lautlos, ruhig

7 *1, 3, 5, 7, 9*

8 b)

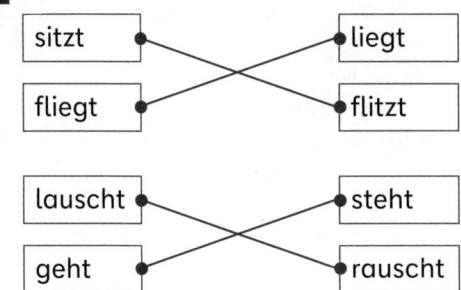

**Das Zwergenloch im Hamkenstein –
eine Sage lesen**

Seite 26

1 a) *Diese Namen hast du sicher markiert:*
Hamkenstein, Zwergenloch

b)
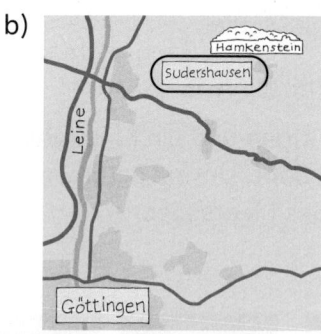

2 *Diese Wörter hast du sicher eingekreist:*
einen Bauern, Zwerge, Erbsen,
einen Beutel

Seite 27

3 b)
- Was pflanzte ein Bauer auf seinem Feld?
  Ein Bauer pflanzte auf seinem Feld Erbsen.
- Was sah der Bauer, als er die Erbsen
  ernten wollte?
  Viele Erbsen waren gestohlen.
- Warum beobachtete der Bauer nachts
  sein Feld?
  Der Bauer wollte die Diebe erwischen.
- Was taten die Zwerge?
  Die Zwerge kamen aus der nahen Höhle.
  Sie pflückten Erbsen.

Seite 28

4 c)

Das sind meine Erbsen.

Das wussten wir nicht!
Wir bezahlen dir
viele Goldstücke
für die Erbsen.

5 ☒ viele Goldstücke

Seite 29

6 b) „Ich werde den Beutel erst zu Hause
öffnen."

7 *Sicher hast du die Satzanfänge und
Satzenden so verbunden:*

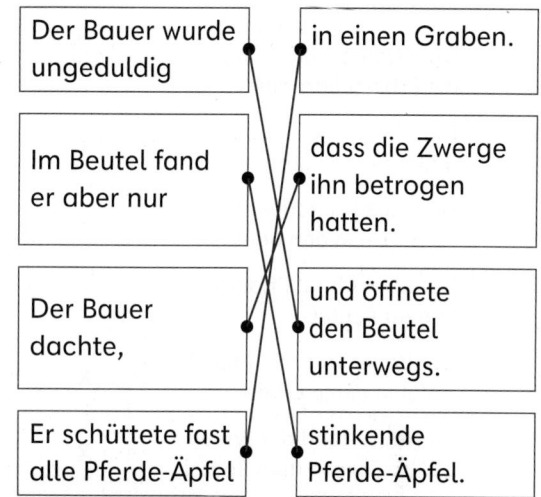

Der Bauer wurde ungeduldig	in einen Graben.
Im Beutel fand er aber nur	dass die Zwerge ihn betrogen hatten.
Der Bauer dachte,	und öffnete den Beutel unterwegs.
Er schüttete fast alle Pferde-Äpfel	stinkende Pferde-Äpfel.

8 Der Bauer fand im Beutel nur stinkende
Pferde-Äpfel, ...
☒ weil er sein Versprechen brach.

Seite 30

9 Zu Hause öffnete der Bauer *den Beutel.*
In dem Beutel waren *Goldstücke.*
Er lief zurück zum Graben, aber dort
fand er *nichts mehr.*
Denn *die Zwerge* hatten die Goldstücke
eingesammelt.

10
- An welchem wirklichen Ort liegt
  die Höhle?
  Die Höhle liegt am Berg Hamkenstein. /
  Die Höhle liegt bei der Stadt Sudershausen.
- Wie nennt man diese Höhle?
  Man nennt diese Höhle Zwergenloch.
- Wer lebte angeblich in dieser Höhle?
  Dort lebten angeblich Zwerge.

Lösungen

Seite 31

1

	richtig	falsch
Die Zwerge pflückten die Erbsen des Bauern.	X	
Der Bauer folgte den Zwergen bis in ihre Höhle hinein.		X
Die Zwerge wollten für die Erbsen bezahlen.	X	
Die Zwerge gaben dem Bauern einen großen Beutel.	X	
Der Bauer schaute erst zu Hause in den Beutel.		X
Der Bauer fand Pflaumen in dem Beutel.		X
Der Bauer warf die Pferde-Äpfel in einen Graben.	X	
Zu Hause fand der Bauer Goldstücke in dem Beutel.	X	
Am Ende fand der Bauer die Goldstücke in dem Graben.		X

2

Die Zwerge wollten die Erbsen mit Goldstücken bezahlen.

2 Sie brachten dem Bauern einen Beutel. Der Bauer versprach, den Beutel erst zu Hause zu öffnen.

1 Zwerge stahlen einem Bauern die Erbsen vom Feld. Der Bauer erwischte die Zwerge.

4 Zu Hause fand der Bauer Goldstücke in dem Beutel. Er lief zurück zum Graben. Aber dort fand er nichts mehr.

3 Der Bauer brach sein Versprechen und öffnete den Beutel unterwegs. Im Beutel waren aber nur stinkende Pferde-Äpfel. Der Bauer war wütend und schüttete sie in einen Graben.

Tiere, Geister, Abenteuer – ein Buch vorstellen

Seite 32

1 b) *Sicher hast du diese Angaben in den Sprechblasen markiert:*

Erik: Steve Mould.

Edin: Spuk im Kiosk.

Mia: Ein Mann und ein Kind fahren in einem Boot. Um sie herum ist ein riesiges Meerestier.

2 b)

Edin   Mia   Erik

Seite 33

3 Edins Buch:
Der Titel: *Spuk im Kiosk*
Die Autorin: *Lena Hach*

4 Eriks Buch:
Der Titel: *Tierisch clever*
Der Autor: *Steve Mould*

5

— der Autor

— die Buchreihe

— der Titel vom Buch

2 ☒ In dem Buch geht es um ungewöhnliche Lebewesen.
☒ Es kommen zum Beispiel Chamäleons vor.
☒ Das Buch zeigt, was wir von der Natur lernen können.

4 *Zum Beispiel:*
Das Buch informiert über schlaue Lebewesen wie besondere Fische und Käfer. Es geht darin um die Tricks der Natur.

6 – Wie heißt das Mädchen in dem Buch?
Das Mädchen heißt Ophelia.
– Wo wohnt das Mädchen?
Das Mädchen wohnt direkt am Meer.
– Wer ist ihr Freund und wie heißt er?
Ihr Freund ist der Fischer Bernard.
– Wofür interessieren sich das Mädchen und ihr Freund?
Die beiden interessieren sich für unentdeckte Meereswesen.
– Was machen die beiden am Meer?
Sie machen eine aufregende Entdeckung.

7 *Zum Beispiel:*
In dem Buch geht es um ein Mädchen und einen Fischer.
Sie erleben Abenteuer auf dem Meer.

1 a) *Zum Beispiel:*
Auf dem Bild ist ein rundes Häuschen.
Drinnen sieht man zwei Kinder.
Um den Kiosk fliegen viele Süßigkeiten.
Draußen ist es Nacht.

b) *Der Titel vom Buch heißt: Spuk im Kiosk.*
In dem Buch geht es um einen Spuk:
Das ist, wenn Geister zaubern.
Der Spuk passiert in einem Kiosk. Das ist ein Häuschen, in dem man Snacks und andere Dinge kaufen kann.

2 b) ☒ Fritzi ist sehr gerne im Kiosk von ihren Großeltern.
☒ Fritzis bester Freund ist Carlos.
☒ Die Freunde übernachten im Kiosk.
☒ Sie erleben den Spuk im Kiosk.

3 *Zum Beispiel:*
Das Mädchen in dem Buch heißt Fritzi.
Sie ist gerne im Kiosk von ihren Großeltern.
Dort passieren seit Kurzem merkwürdige Dinge.
Zum Beispiel verschwinden Himbeer-Lollis.
Fritzi und ihr bester Freund Carlos übernachten im Kiosk.
Sie wollen herausfinden, was da los ist.

2 *Sicher hast du diese Sätze markiert:*

Fritzi und Carlos hören einen lauten Knall aus dem Kiosk.

Die Freunde wissen nicht, was passiert ist.

3 Im Kiosk stehen die Großeltern in einem See aus Limonade.
Die Limo-Flaschen im Kühlregal sind explodiert.
Überall liegen Scherben.

4 Fritzi glaubt, dass jemand *Oma und Opa schaden will.*
Fritzi will den Übeltäter in der Nacht *erwischen.*
Carlos soll ihr dabei *helfen.*

Lösungen

Im Kletterwald – schreiben mit Strategie

Seite 40

1 b) ① *die Kinder im Kletterwald*
② *Benni auf der Hängebrücke*
③ *Benni vor der Seilrutsche*
④ *Lea und Benni*
⑤ *Benni auf der Seilrutsche*

2 b) Benni stand vor der Seilrutsche.
Er *traute sich nicht.*
Lea sprach mit Benni.
Sie *machte ihm Mut.*

Seite 41

1 c) *Zum Beispiel:*
- Wo war Benni mit seiner Klasse?
  im Kletterwald
- Mit wem war Benni dort?
  mit seiner Klasse, mit Lea
- Wo kletterte Benni zuerst?
  auf der Hängebrücke
- Wo stand Benni danach?
  vor der Seilrutsche
- Welches Problem hatte Benni dort?
  Er traute sich nicht.
- Wie half Lea?
  Lea redete mit Benni.
  Sie machte ihm Mut.
- Was passierte am Ende?
  Benni traute sich.
  Er fuhr mit der Seilrutsche.

Seite 42

1 b) *Zum Beispiel:*
Die Hängebrücke: *wackelig, lang, schmal*

2 b) *Zum Beispiel:*
Die Seilrutsche: *gefährlich hoch, schnell*

Seite 43

3 b) *Zum Beispiel:*
Benni vor der Seilrutsche: *ängstlich, aufgeregt, unsicher, unglücklich*

4 b) *Zum Beispiel:*
Benni auf der Seilrutsche: *fröhlich, mutig, glücklich, erleichtert*

5 b) *Zum Beispiel:*
Benni [X] flitzte über die Hängebrücke.

6 b) *Zum Beispiel:*
Mit der Seilrutsche [X] sauste Benni ins Ziel.

Seite 44

7 b) Am Wandertag machte Benni mit seiner Klasse einen Ausflug.
Alle Kinder kletterten mit viel Spaß im Kletterwald.

8 *Zum Beispiel:*
Benni kletterte mit Lea die spannenden Stationen.
Die Hängebrücke war wackelig und lang.
Sie hing oben zwischen den Bäumen.
Aber Benni flitzte über die Hängebrücke.

Seite 45

9 *Zum Beispiel:*
Dann kam Benni zu der Seilrutsche.
Sie begann weit oben über dem Boden.
Die Seilrutsche führte ohne Geländer tief hinunter.
Sie wirkte gefährlich und hoch.

10 *Zum Beispiel:*
Vor der Seilrutsche fühlte sich Benni ängstlich und unsicher.

11 *Zum Beispiel:*
Benni fragte Lea: „Kann man abstürzen?"
Lea antwortete: „Es kann nichts schiefgehen!"

Seite 46

12 a) *Zum Beispiel:*
Benni holte tief Luft und nahm Anlauf.
Mit der Seilrutsche sauste Benni ins Ziel.

b) *Zum Beispiel:*
Benni fühlte sich dabei glücklich.

13 *Zum Beispiel:*

> Das war ein tolles Erlebnis!
> Ich möchte nochmal fahren!

14 *Zum Beispiel:*
Benni saust durch die Luft

Experimente im Alltag – genau beschreiben

Seite 48

1 b)

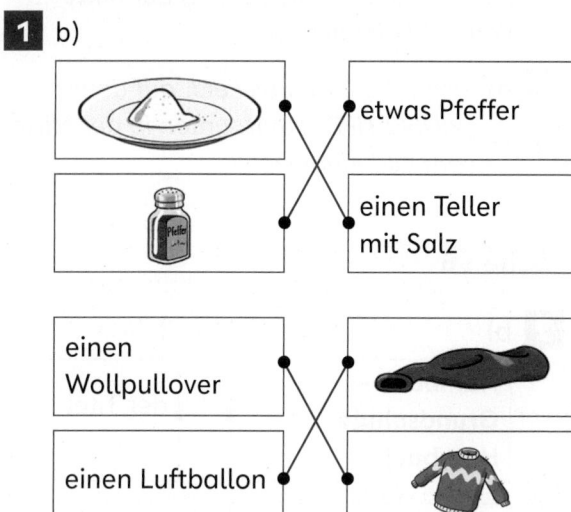

2

	das Salz und den Pfeffer mischen
	den Luftballon aufpusten
	den Luftballon an dem Wollpullover reiben
	den Luftballon nah über den Teller halten

Seite 49

1 ☒ eine Anleitung

2 *Das braucht man:*
einen Teller mit Salz, etwas Pfeffer,
einen Wollpullover, einen Luftballon

3 *Zum Beispiel:*
Das muss man tun:
Zuerst mischt man Salz und Pfeffer
auf einem Teller.
Danach pustet man den Luftballon auf.
Nun reibt man den Luftballon
an dem Wollpullover.
Zuletzt hält man den Luftballon nah
über den Teller.

Seite 50

1 b)

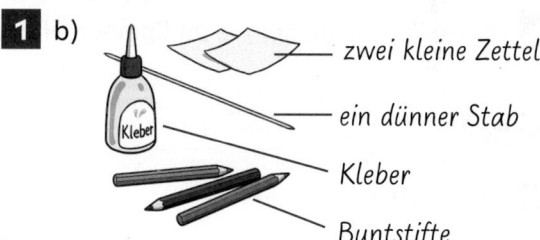

zwei kleine Zettel

ein dünner Stab

Kleber

Buntstifte

2 b)
- ① Was malt man auf den ersten Zettel?
  Man malt eine Spinne.
- ② Was zeichnet man auf den zweiten Zettel?
  Man zeichnet ein Spinnen-Netz.
- ③ Wie klebt man den Stab an die Zettel?
  ☒ Man klebt den Stab zwischen die Zettel.

Lösungen

3 b)

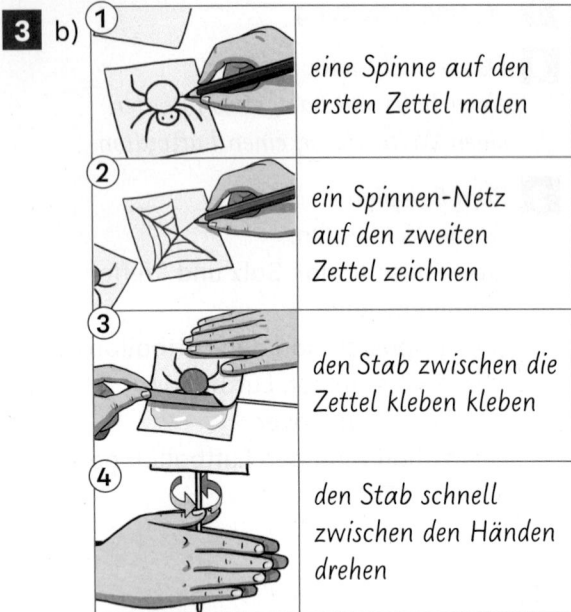

①	eine Spinne auf den ersten Zettel malen
②	ein Spinnen-Netz auf den zweiten Zettel zeichnen
③	den Stab zwischen die Zettel kleben kleben
④	den Stab schnell zwischen den Händen drehen

4 ☒ Man sieht die Spinne **im** Spinnen-Netz.

Seite 52

1 b) brauchen: *man braucht*
malen: *man malt*
zeichnen: *man zeichnet*
kleben: *man klebt*
drehen: *man dreht*

Seite 53

3 a) Anleitung für das Experiment:
Die Spinne im Netz
Das braucht man:
zwei kleine Zettel, Buntstifte, Kleber,
einen dünnen Stab

b) *Zum Beispiel:*
Das muss man tun:
Zuerst malt man eine Spinne auf
den ersten Zettel.
Dann zeichnet man ein Spinnen–Netz
auf den zweiten Zettel.
Nun klebt man den Stab zwischen
die Zettel.
Am Ende dreht man den Stab schnell
zwischen den Händen.

Städte – sich im Internet informieren

Seite 54

1 b) Ⓐ *die Web–Adresse*
Ⓑ *der Name der Suchmaschine*
Ⓒ *das Suchfeld*

2 Sicher hast du dieses Feld eingekreist:

| Suchen |

Seite 55

3 c) *Sicher hast du auf dem Bild das Feld eingekreist, auf dem „FINN fragen" steht.*

4 Sicher hast du das Feld, auf dem „Such-Tipps" steht, oben in der Mitte vom Bild eingekreist.

5 a) *Sicher hast du das Feld, auf dem „VIDEO-TIPP" steht, unten in der Mitte vom Bild eingekreist.*

Seite 56

2 b)

Hambach – Grundschule Hambach	•——•	der Titel
https://www. ...		die Beschreibung
Viele Fotos vom Tag der offenen Tür an unserer Grundschule		die Web-Adresse

3 b) *Sicher hast du diese Titel markiert:*
　① **Hamburg – für Schülerinnen und Schüler**
　② **Hamburg – aus einem Kinder-Lexikon**
　③ **Hamburg – Tipps für Fahrrad-Reisen durch die Stadt**

4 b) *Sicher hast du diese Titel markiert:*
　① **Hamburg – für Schülerinnen und Schüler**
　② **Hamburg – aus einem Kinder-Lexikon**

5 b) *Sicher hast du die grauen Wörter markiert:*
　② **Hamburg – aus einem Kinder-Lexikon**
　https://www. ...
　Informationen über die Stadt Hamburg: die Größe von Hamburg, der Fluss, die Sehenswürdigkeiten ...

6 *Es passt das Suchergebnis 2, weil es Informationen für den Steckbrief enthält.*

1 b) *Sicher hast du zu den Fragen diese Antworten im Text markiert:*

– Wie viele Einwohner hat Hamburg?
fast zwei Millionen

– Wie groß ist Hamburg?
etwa 755 Quadratkilometer

– Wo in Deutschland liegt Hamburg?
in Norddeutschland nahe an der Nordsee

– Welcher Fluss fließt durch Hamburg?
Die Elbe

– Was sind besondere Sehenswürdigkeiten in Hamburg?
der Hafen, der Fischmarkt und das Hamburger Rathaus

1

Steckbrief über:	Hamburg
die Einwohnerzahl:	*fast zwei Millionen Menschen*
die Größe:	*etwa 755 Quadratkilometer*
die Lage in Deutschland:	*in Norddeutschland nahe an der Nordsee*
der Fluss:	*die Elbe*
die Sehenswürdigkeiten:	*der Hafen, der Fischmarkt und das Hamburger Rathaus*

Lese-Ecke

1 c) ☒ von seinem Sprung durch die Kutsche

2 – Wie war das Pferd, von dem Münchhausen erzählte?
Das Pferd war besonders geschickt und schnell.

– Welches Problem hatte Münchhausen, als die Kutsche kam?
Die Kutsche versperrte den Weg.

– Wie löste Münchhausen das Problem mit der Kutsche?

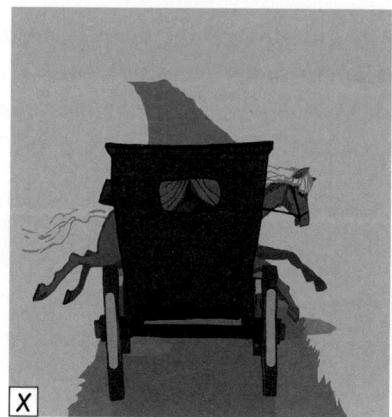

X

Lösungen

3 *Sicher hast du diese Sätze im Text markiert:*

10 Die Fenster der Kutsche waren offen.
11 Da **sprang ich mit** meinem **Pferd**
12 durch die offenen Fenster
13 mitten **durch die Kutsche** hindurch.
14 Das ging so **schnell**, dass ich
15 die Damen nur kurz grüßte.

Seite 62

1 c) *Sicher hast du dieses Bild markiert:*

Seite 63

2 b) *Münchhausen konnte nicht über den Sumpf springen.*
c) *Er wendete sein Pferd in der Luft und kehrte wieder auf den festen Boden zurück.*

3 b) ☒ *Münchhausen fiel in den Sumpf.*

4 b) *Er war in Lebensgefahr, denn er versank langsam im Sumpf.*
c) *Münchhausen packte sich an den Haaren und zog sich so mit seinem Pferd aus dem Sumpf.*

5 *Sicher hast du diese Sätze im Text markiert:*

In Abschnitt 2:
Ich **wendete** daher mein **Pferd in der Luft** und **kehrte** wieder auf den festen Boden **zurück**.

In Abschnitt 4:
Jetzt war ich in **Lebensgefahr**, denn ich **versank** langsam **im Sumpf**.
Schnell **packte** ich **mich an den Haaren** und **zog mich** mit aller Kraft **aus dem Sumpf** heraus.
Und ich zog **auch** noch **mein Pferd** heraus, das ich zwischen meinen Knien festhielt.
Was bin ich doch für ein Held!

6

Klick!

Deutsch

Arbeitsheft
Schreiben und Lesen

Herausgegeben von
Dorothee Braun

Erarbeitet von:
Michaela Krauß, Anke Quinten,
Tessa Razzaghi, Wibke Thomsen,
Siegfried Wengert

 In der **Cornelsen Lernen App** findest du
passend zu deinem Arbeitsheft

- Audios
- Videos
- interaktive Elemente

Cornelsen

Inhaltsverzeichnis

Diese Zeichen stehen neben den Aufgaben. Das bedeuten sie:

⊙ Sehen

▤ Lesen

✐ Schreiben

✋ Handeln, spielen, zeigen

✗✐ Ankreuzen

⸾✐ Verbinden

◯✐ Umkreisen

☆ Diese Aufgaben sind etwas kniffliger.

🖱 Mit digitalen Medien arbeiten

Diese Strategien helfen dir beim Lernen:

📖 Der **Lese-Profi** hilft dir beim Lesen und Verstehen von Texten.

✏ Der **Schreib-Profi** hilft dir beim Schreiben von Texten.

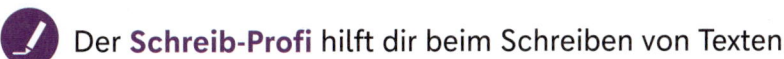

Im Alltag und im Beruf ist es wichtig, gut lesbar zu schreiben.
In diesem Kapitel machst du dazu verschiedene Übungen.

1 Zeichne den Wollfaden im Bild nach. Bleibe dabei genau auf der Linie.

2 In diesem Bild fehlt der Wollfaden. Zeichne ihn so ein wie im Bild oben.
Achte genau darauf, wie der Faden um die Punkte läuft.

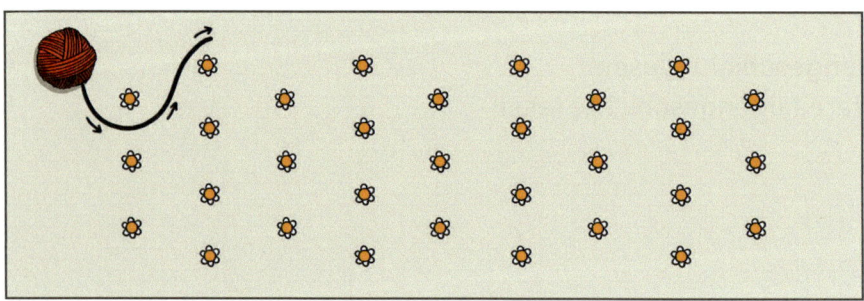

Es gibt wichtige Gründe, gut lesbar zu schreiben.

Was steht da?
Ich kann die Schrift nicht lesen!

Ich auch nicht!

3 Warum ist es wichtig, gut lesbar zu schreiben?
Tipp: Drei Antworten sind richtig.

☐ Andere sollen gut lesen können, was ich geschrieben habe.

☐ Ich will später noch lesen können, was ich geschrieben habe.

☐ Andere sollen auch im Dunkeln sehen, was ich geschrieben habe.

☐ Die Buchstaben sollen richtig aussehen und nicht wie Fehler.

☆ **4** Du kannst auch einen eigenen Grund aufschreiben.

Die Hände trainieren

Die Übungen helfen dir, deine Hände zu stärken und zu lockern.

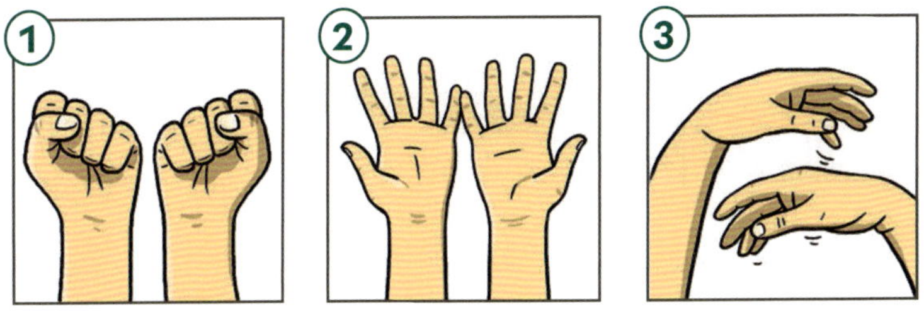

① ② ③

☐ Ich strecke meine Finger aus.

☐ Ich drücke meine Fäuste kräftig zusammen.

☐ Ich schüttele meine Hände aus.

1 a) Sieh dir die Bilder an.

b) Lies die Sätze rechts.

c) Nummeriere die Sätze passend zu den Bildern.

▶ Quiz

2 Mache die Übungen wie in den Bildern.
Wiederhole diese Handübungen ein paar Mal.

▶ Video

Nun übst du, langsam und sorgfältig zu schreiben.

3 Fülle mit jedem Muster eine Zeile. Schreibe genau.
Achte auf den Abstand zwischen den Mustern.

4 Schüttele deine Hände aus.
Mache es wie in Bild ③.

Gut lesbar schreiben

Jeder Mensch hat eine andere Handschrift.
Jede Handschrift soll gut lesbar sein.

Aufgaben:

einkaufen, die Treppe fegen, die Sporttasche packen,

die Hausaufgaben machen, das die Fenster schließen

das Lineal suchen

👁 **1** **a)** Sieh dir die Aufgabenliste an.

✏ **b)** Welche Wörter kannst du **gut lesen**? Markiere sie.

Du übst nun, gut lesbar zu schreiben.

🖐 **2** **a)** Mache zuerst die Handübungen.   ▶ 📱 Video

✏ **b)** Schreibe die Liste gut lesbar auf.

→ einkaufen • die Treppe fegen • die Sporttasche packen • die Hausaufgaben machen •
die Fenster schließen • das Lineal suchen

✏ **3** Schreibe die Namen der Unterrichtsfächer.
Denke daran, gut lesbar zu schreiben.

→ Kunst
Mathematik
Deutsch
Sport

Ordentlich schreiben

Die Tipps helfen dir, ordentlich zu schreiben.

Tipps für das Schreiben
- Ich schreibe auf der Schreiblinie.
- Ich schreibe nur bis zum Rand.
- Ich verwende ein Lineal zum Unterstreichen.
- Ich schreibe meinen Namen und das Datum auf jedes Blatt.

1 a) Sieh dir die Bilder an.

b) Schreibe zu jedem Bild den passenden Tipp von oben.

2 a) Lies die Sprüche.

b) Wähle einen Spruch aus. Schreibe ihn ordentlich in dein Heft.
Beachte die Tipps für das Schreiben.

| Hab Vertrauen in deine eigene Kraft! | Man lernt nur, wenn man auch Fehler machen darf. | Geduld bringt dich an dein Ziel. |

In diesem Kapitel informierst du dich über Weltmeisterschaften.
Du liest dazu Sachtexte mit dem Lese-Profi.

1 **Vor dem Lesen**

▶ Lese-Profi,
Umschlag vorn

▶ Video

a) Ich sehe mir die Bilder an.
b) Ich lese die Überschrift.
c) Ich sehe mir den ganzen Text an.

1 Was siehst du auf den Bildern? Kreise passende Wortgruppen ein.

→ drei Siegerinnen • einen Wettkampf im Schwimmen • einen Wettlauf • eine Weltkarte

2 a) Lies die Überschrift.
b) Worum könnte es im Text gehen? Kreuze an.

☐ um große Städte   ☐ um sportliche Wettkämpfe   ☐ um Weltreisen

3 Der Text hat Abschnitte. Markiere die Nummern der Abschnitte.

Die Weltmeisterschaften

1 **①** Viele Menschen sehen sich **Weltmeisterschaften**
2 an. Weltmeisterschaften sind **sportliche Wettkämpfe**.
3 Diese Wettkämpfe gibt es **in verschiedenen Sportarten**,
4 zum Beispiel im Fußball, Handball oder Schwimmen.
5 Dabei treten **einzelne Personen** oder **Mannschaften**
6 gegeneinander an.

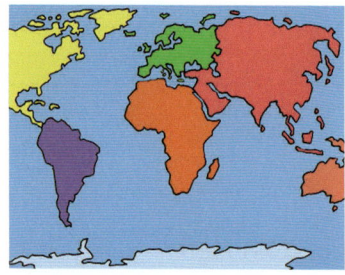

7 **②** Bei einer Weltmeisterschaft kommen **Sportlerinnen**
8 **und Sportler aus der ganzen Welt** zusammen.
9 Sie spielen für ihre Länder. Bei den Wettkämpfen
10 sind also **viele Länder** und **Kontinente** dabei.
11 Kontinente sind Erdteile wie Europa, Afrika oder Asien.
12 **Die Abkürzung** für Weltmeisterschaft **ist WM**.

13 **③** **In vielen Runden** kämpfen die Sportlerinnen und
14 Sportler **um den Sieg**. Die Besten aus jeder Runde
15 dürfen weitermachen. **Wer am Ende** einer WM **gewinnt**,
16 bekommt den Titel **Weltmeisterin** oder **Weltmeister**.

Die Weltmeisterschaften – einen Sachtext lesen

2 Beim Lesen

▶ Lese-Profi, Umschlag vorn

▶ Video

▶ Audio

a) Ich lese die **Schlüsselwörter**.

b) Ich lese den Text einmal durch.

c) Ich lese den Text genau.

Manche Wörter im Text sind schwer zu verstehen.
Die Bedeutung der Wörter wird oft im Text erklärt.

4 Was bedeutet das Wort **Kontinente**?

a) Finde die Bedeutung in Abschnitt 2. Markiere den Satz im Text.

b) Schreibe den Satz auf.

Kontinente sind

5 Was ist die Abkürzung für Weltmeisterschaft? Ergänze.

Die Abkürzung

6 Beantworte die Fragen zu den Abschnitten. Notiere Wortgruppen.
Tipp: Die **Schlüsselwörter** helfen dir.

– Abschnitt 1: Was sind Weltmeisterschaften?

sportliche

– Abschnitt 2: Wer kommt bei einer Weltmeisterschaft zusammen?

– Abschnitt 3: Wie heißt der Titel, den man bei einer WM gewinnt?

3 Nach dem Lesen

▶ Lese-Profi, Umschlag vorn

▶ Video

Ich kann etwas zum Text aufschreiben.

7 Was findest du wichtig? Notiere Wörter und Wortgruppen.

→ Mannschaften, viele Länder, viele Runden ...

Die Gummistiefel-WM – einen Sachtext lesen

Dieser Sachtext informiert dich über eine besondere Weltmeisterschaft.

 1 Vor dem Lesen

▶ Lese-Profi, Umschlag vorn

▶  Video

 1 **a)** Sieh dir die Bilder an.

 b) Lies die Überschrift.

c) Worum könnte es im Text gehen? Schreibe deine Vermutung auf.

In dem Text geht es um

 2 **a)** Lies die Überschriften über den drei Abschnitten.

b) Markiere die drei Überschriften.

Die Gummistiefel-WM

▶  Audio

① Der Gummistiefel-Weitwurf

1 Diese **Sportart** stammt **aus Finnland**. Man **wirft** dabei
2 einen **Gummistiefel so weit wie möglich**.
3 Das ist schwer, weil sich der Stiefel durch seine Form
4 oft in der Luft dreht. Auch **im Gummistiefel-Weitwurf**
5 finden **Weltmeisterschaften** statt.

der Schaft

Der Schaft ist der Teil über dem Knöchel.

② Die Regeln

6 Auch bei dieser WM gelten **Regeln**. Es gibt Regeln
7 zur **Größe der Stiefel: Männer werfen mit** Stiefeln
8 in **Schuhgröße 43. Frauen** werfen **mit** Stiefeln
9 in **Schuhgröße 38**. Bei einer weiteren Regel geht es
10 um den **Schaft des Gummistiefels**: Der Schaft **muss**
11 beim Werfen **gerade sein**. Man darf ihn **nicht einrollen**.

③ Die weitesten Würfe

12 Bei einer WM gelingen den Sportlerinnen und Sportlern
13 oft sogar **Weltrekorde***. **Eine Frau** aus Finnland **warf**
14 im Jahr 2008 einen Stiefel **49,35 Meter weit** und
15 stellte damit einen Weltrekord auf. Auch **ein Mann**
16 aus Finnland erreichte 2012 einen Weltrekord.
17 Er **warf** den Stiefel **68,03 Meter weit**.

* Weltrekorde: die besten Leistungen der Welt

Die Gummistiefel-WM – einen Sachtext lesen

**Der Text hat Abschnitte. Zu jedem Abschnitt gibt es eine Überschrift.
Die Überschrift sagt, worum es in dem Abschnitt geht.**

3 **a)** Schreibe zuerst die Überschrift zu einem Abschnitt auf.
   b) Beantworte dann die Fragen zu diesem Abschnitt.   ▶ Quiz
      Tipp: Die **Schlüsselwörter** helfen dir.

① _____

   – Aus welchem Land kommt die Sportart Gummistiefel-Weitwurf?

   Diese Sportart _____

   – Was tun die Sportlerinnen und Sportler bei dieser Sportart?

   Sie werfen _____

② _____

   – Welche Regeln gibt es zur Größe der Stiefel?

   Männer müssen mit Schuhgröße _____

   Frauen _____

   – Was darf man beim Werfen nicht machen?

   Man _____

③ _____

   – Welchen Weltrekord schaffte eine Frau und welchen ein Mann?

   Eine Frau warf _____

   Ein Mann _____

4 Was findest du interessant? Notiere Wörter und Wortgruppen.

   _____

   _____

Die Fußball-WM – einen Sachtext lesen

Dieser Sachtext informiert dich über sehr beliebte Weltmeisterschaften.

  1 Lies den Sachtext mit dem Lese-Profi.

▶ Lese-Profi, Umschlag vorn

▶  Video

 **Die Weltmeisterschaften im Fußball**

▶  Audio

①  *Die ersten Weltmeisterschaften*

1 **Alle vier Jahre** gibt es **Weltmeisterschaften**
2 **im Fußball**. Die **erste Fußball-WM der Männer**
3 fand im Jahr **1930** in Südamerika statt.
4 Diese WM ist also fast 100 Jahre alt.
5 **Seit 1991** gibt es auch eine **Fußball-WM der Frauen**.

②

6 Bei einer Fußball-WM spielen **Fußball-Mannschaften**
7 **aus verschiedenen Ländern** gegeneinander.
8 Es sind besondere Mannschaften.
9 Sie heißen **Nationalmannschaften**.
10 In einer Nationalmannschaft spielen nur
11 die besten Sportlerinnen oder Sportler für ein Land.

③

12 Jede Nationalmannschaft hat ein anderes **Trikot***.
13 **Auf den Trikots** von einigen Ländern sieht man **Sterne**.
14 Die Sterne stehen **für Weltmeister-Titel**. Vier Sterne
15 auf dem Trikot eines Landes bedeuten zum Beispiel,
16 dass dieses Land viermal Weltmeister war.

④

17 Die **Mannschaft**, die am Ende **gewinnt**, bekommt
18 einen **Pokal****. Bei der Fußball-WM der Männer besteht
19 der Pokal fast ganz **aus Gold**. Der Pokal **wiegt** über
20 **sechs Kilo**. Das ist schwerer als 60 Tafeln Schokolade.

*das Trikot: das Sporthemd
**der Pokal: der Preis für den Sieg

Die Fußball-WM – einen Sachtext lesen

Manche Wörter sind schwer zu verstehen. Du klärst ihre Bedeutung.

2 Was bedeutet das Wort **Nationalmannschaft**?
- **a)** Finde die Bedeutung in Abschnitt 2. Markiere den Satz im Text.
- **b)** Ergänze.

> *In einer Nationalmannschaft*
>
>
>

3 Was bedeuten die Wörter **Trikot** und **Pokal**?
- **a)** Kläre ihre Bedeutung mithilfe der Bilder und Worterklärungen.
- **b)** Schreibe die Bedeutung hier auf.

> *Das Trikot ist*
>
> *Der Pokal*

Der Text hat Abschnitte. Du arbeitest Abschnitt für Abschnitt.

4 Beantworte die Fragen zu den Abschnitten.   ▶ 🖱 Quiz
Tipp: Die **Schlüsselwörter** helfen dir.

- – Wann fand die erste Fußball-WM der Männer statt? _____

- – Wie heißen die Mannschaften bei einer WM? _____

- – Wofür stehen die Sterne auf den Trikots? _____

- – Was bekommt die Mannschaft, die am Ende gewinnt? _____

Jeder Abschnitt braucht eine Überschrift. Du ordnest Überschriften zu.

5 Schreibe passende Überschriften über die Abschnitte.   →   Der WM-Pokal,
Die Mannschaften,
Die Trikots ...

6 Was findest du spannend? Notiere Wörter und Wortgruppen.

>
>

Diagramme lesen

Hier liest du zwei Diagramme.
Sie informieren dich über verschiedene Weltmeister-Titel.

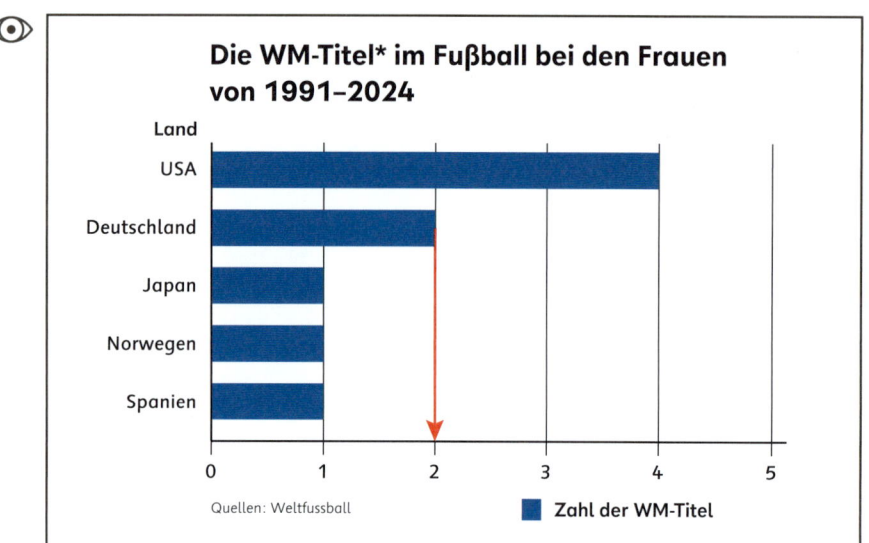

Die WM-Titel* im Fußball bei den Frauen von 1991–2024

* WM-Titel: Weltmeister-Titel

Quellen: Weltfussball

■ Zahl der WM-Titel

1 a) Lies die Überschrift auf dem Diagramm.
 b) Worüber informiert das Diagramm genau? Ergänze.

Das Diagramm informiert über

2 Welche Länder haben bei den Frauen WM-Titel im Fußball gewonnen?
 a) Lies die Namen der Länder im Diagramm.
 b) Schreibe die Länder auf.

USA,

Das Diagramm hat Balken. Diese können verschieden lang sein.
Je länger ein Balken ist, desto mehr WM-Titel hat ein Land gewonnen.

3 Welches Land hat bei den Frauen die meisten WM-Titel gewonnen?
 Kreise den längsten Balken und das Land dazu ein.

4 Wie viele WM-Titel hat Deutschland bei den Frauen gewonnen?
 a) Kreise den Balken für Deutschland ein.
 b) Lies die Zahl zu dem Balken ab.
 c) Ergänze die Zahl im Satz.

 Deutschland hat bei den Frauen _____ WM-Titel gewonnen.

Diagramme lesen

Dieses Diagramm informiert dich über weitere Weltmeister-Titel.

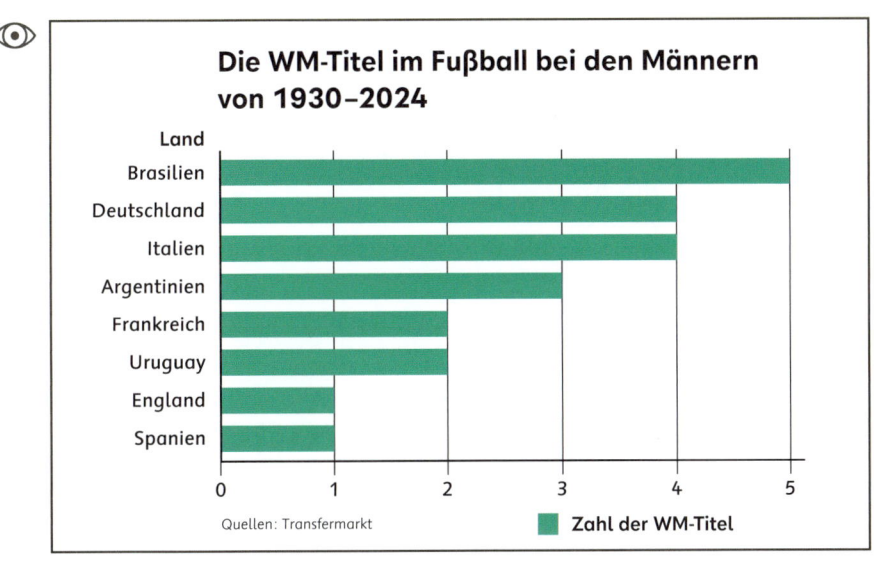

Die WM-Titel im Fußball bei den Männern von 1930–2024

Land
Brasilien
Deutschland
Italien
Argentinien
Frankreich
Uruguay
England
Spanien

0   1   2   3   4   5

Quellen: Transfermarkt   ■ Zahl der WM-Titel

5 Worüber informiert das Diagramm genau?

Das Diagramm

6 Welches Land hat bei den Männern die meisten WM-Titel gewonnen?

Die meisten WM-Titel

7 Wie viele WM-Titel hat Deutschland bei den Männern gewonnen?

Deutschland

8 Welches Land hat genauso viele WM-Titel wie Deutschland?
Kreise das Land im Diagramm ein.

Du hast Sachtexte und Diagramme gelesen.   ▶  Quiz

9 Was kannst du jetzt? Kreuze an.

	☺
Ich kann in einem Text schwierige Wörter klären.	☐
Ich erkenne in einem Text Abschnitte und finde dazu Überschriften.	☐
Ich kann Diagramme lesen.	☐

Die Klasse 6 plant einen Ausflug in den Naturpark _Jägerberg_.
Die Lehrerin bekommt vom Naturpark einen Prospekt mit Angeboten.
Suri, Julia, Ali und Dennis sehen sich die Angebote an.

1 Verschaffe dir einen Überblick über die Angebote.  Quiz

👁 **a)** Sieh dir die Bilder an.

📖 **b)** Lies die Namen der Angebote.

Angebote im Naturpark Jägerberg

Backwerkstatt
Backe dein eigenes Brot.

für Kinder und Jugendliche von 10–16 Jahren

Esel-Trecking
Erkunde den Wald mit unseren Eseln.

für Kinder bis 10 Jahre

Woher kommt Honig?
Entdecke unsere Bienen.

für Kinder von 6–10 Jahren

Klettern
Klettere am Jägerfelsen.

für Kinder und Jugendliche von 8–16 Jahren

Park-Rallye
Erkunde den Park in deiner Gruppe.

für Kinder und Jugendliche von 10–16 Jahren

Kunst im Wald
Gestalte dein eigenes Kunstwerk im Wald.

für Kinder bis 12 Jahre

2 Wie viele Angebote gibt es? Ergänze den Satz.

In dem Prospekt gibt es _____ Angebote.

3 Welches Angebot macht dich neugierig?

Passende Angebote finden

Suri, Julia, Ali und Dennis gefallen einige Angebote. Nun wollen sie auswählen.

✏ **4** Für welches Alter sind die Angebote? Markiere in dem Prospekt.

✏ **5** Suri, Julia, Ali und Dennis sind 11 Jahre alt.
Welche Angebote **passen nicht**? Streiche die Angebote durch.

✏ **6** Welche Angebote passen für das Alter der vier Kinder? Schreibe auf.

**Suri, Julia, Ali und Dennis sprechen darüber, was sie gerne machen.
So können sie sich für ein Angebot entscheiden.**

Ich habe schon mal mit einer Rallye die Stadt erkundet. Das war lustig!

Suri

Ich bin gerne draußen und bewege mich viel.

Julia

Ich bastele oft und arbeite gerne mit den Händen.

Ali

Ich mag kochen und backen.

Dennis

7 Welche Angebote passen zu Suri, Julia, Ali und Dennis?
a) Lies genau, was ein Kind sagt.
b) Verbinde unten, welches Angebot zu diesem Kind passt.
Tipp: Zu einem Kind passen zwei Angebote.

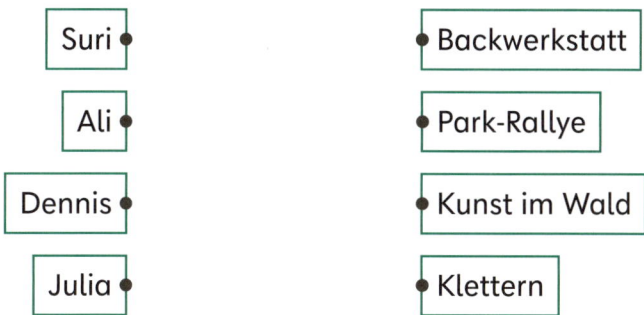

Suri •   • Backwerkstatt

Ali •   • Park-Rallye

Dennis •   • Kunst im Wald

Julia •   • Klettern

Sich informieren

Julia kann sich noch nicht entscheiden: Park-Rallye oder Klettern?
Sie informiert sich deshalb im Internet genauer über die zwei Angebote.

1 Lies für Julia die Internetseiten genau. Achte auf die Abschnitte.

① • • •

Park-Rallye

Was genau: Bei der Park-Rallye kannst du den **Park mit** deiner **Gruppe erkunden**.
Ihr bekommt einen **Plan mit** verschiedenen **Stationen**.
An den Stationen müsst ihr als Gruppe **Aufgaben lösen**.

Für wen: Kinder und Jugendliche im Alter von 10–16 Jahren

Start: an der Information

Mitbringen: feste Schuhe, Regenkleidung, Essen und Getränke

Dauer: 4 Stunden, davon ist eine halbe Stunde Mittagspause mit einem Picknick

Mittagessen: Picknick (Essen und Getränke bitte selbst mitbringen)

② • • • •

Klettern

Was genau: Du kannst **am Jägerfelsen klettern**!
Zwei **Trainer erklären** dir die **Ausrüstung** und
helfen dir beim Anziehen der Gurte und des Helms.
Die Trainer **sichern dich mit** dem **Seil**.

Für wen: Kinder und Jugendliche im Alter von 8–16 Jahren

Start: an der Kletterwand des Jägerfelsens

Mitbringen: Turnschuhe, Sportkleidung

Dauer: 4 Stunden, davon ist eine halbe Stunde Mittagspause

Mittagessen: Ihr bekommt im Park-Kiosk kostenlos belegte Brote und ein Getränk.

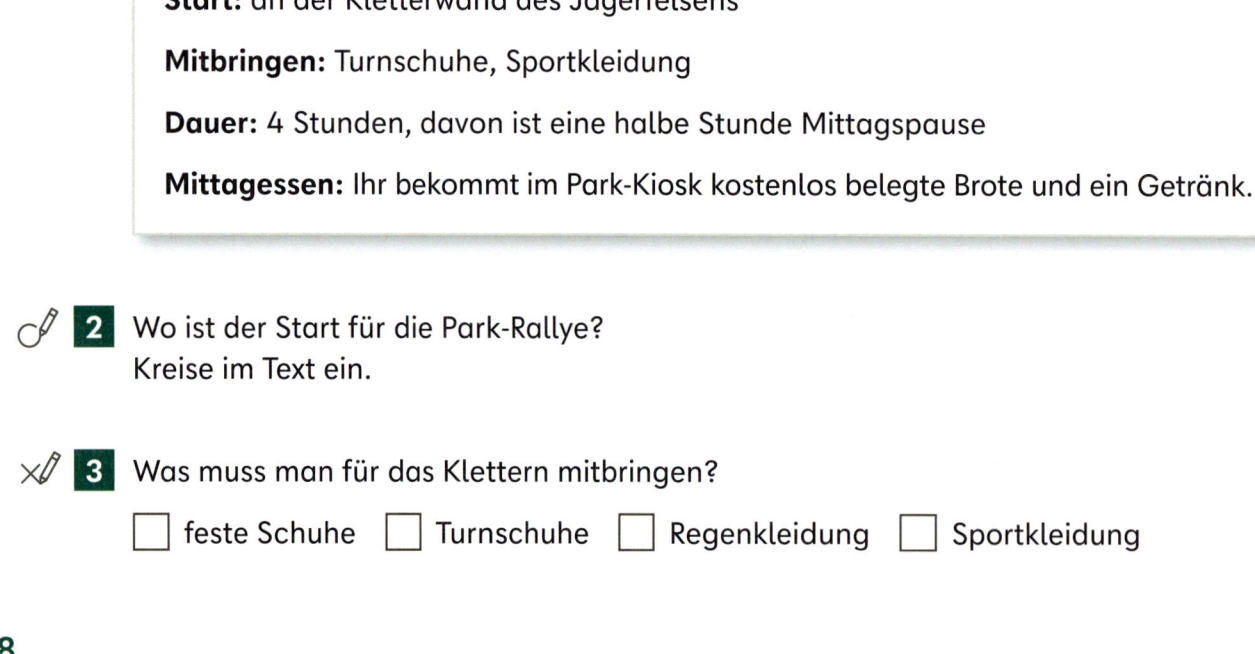

2 Wo ist der Start für die Park-Rallye?
Kreise im Text ein.

3 Was muss man für das Klettern mitbringen?

☐ feste Schuhe   ☐ Turnschuhe   ☐ Regenkleidung   ☐ Sportkleidung

Sich informieren

Julia will gemeinsam mit ihren Eltern entscheiden.
Deshalb schreibt sie wichtige Informationen auf.

3 **Nach dem Lesen**

Ich kann etwas zu den Angeboten aufschreiben.

▶ Lese-Profi,
  Umschlag vorn

▶ Video

4 Hilf Julia beim Aufschreiben der Informationen.
   a) Lies die Fragen zur Park-Rallye.
   b) Markiere die Antworten auf der Internetseite ①.
   c) Ergänze den Zettel ①.

① *Park-Rallye*

  Was genau?

  Park mit Gruppe erkunden,

  Mitbringen?

  Mittagessen?

② *Klettern*

d) Fülle den Zettel ② aus.

5 **a)** Welches Angebot findest du besser? Kreuze an.
   b) Begründe deine Entscheidung.

   ☐ Ich finde die Park-Rallye besser,

   ☐ Ich finde das Klettern besser,

   weil _____

→ ich Picknick mag,
  ich gern
  in einer Gruppe bin,
  ich das Klettern
  ausprobieren
  möchte,
  ich Sport mag …

Eine Liste schreiben

Julia hat sich für die Park-Rallye entschieden.
Sie bekommt einen Brief von ihrer Lehrerin.

  1 Lies den Brief.

> **Liebe Julia,**
>
> am Freitag, den 26. Juni, machen wir unseren Ausflug in den Naturpark *Jägerberg*.
> Wir treffen uns um 8:00 Uhr in der Schule. Von dort fahren wir mit dem Bus.
> Du hast dich für das **Angebot Park-Rallye** entschieden.
>
> **Folgende Dinge solltest du daher mitbringen:**
> – feste Schuhe und Regenkleidung
> – Trinkflasche mit Wasser
> – Sonnenschutz (Sonnencreme und Käppi oder Hut)
> – für das Picknick in der Mittagspause: Essen und Getränke
>
> Gegen 15:00 Uhr sind wir wieder an der Schule. Von dort könnt ihr wie gewohnt
> mit den öffentlichen Verkehrsmitteln nach Hause fahren oder eure Eltern holen
> euch ab.
>
> **Bis bald! – Deine Lehrerin Frau Mesin**

Julia will sich vorbereiten.

Ich schreibe eine Liste.
So vergesse ich nichts.

2 Hilf Julia beim Schreiben der Liste.
 **a)** Lies die Liste.
 b) Markiere die passenden Stichworte im Brief.
c) Ergänze Julias Liste.

<u>Ausflug zum Naturpark Jägerberg</u>

<u>– Datum des Ausflugs: Freitag, den 26. Juni</u>

<u>– Treffpunkt und Uhrzeit: in der Schule, um</u>

<u>– Mitbringen:</u>

_____

_____

<u>– Ende des Ausflugs: gegen</u> _____ , an der

Ein Formular ausfüllen

Julia musste sich mit einem Formular anmelden.

Anmeldung für den Ausflug in den Naturpark *Jägerberg*

Nachname, Vorname   *Kostakis, Julia*

Klasse: *6*

Kreuze an, was zutrifft:
Für den Ausflug in den Naturpark *Jägerberg* melde ich mich für dieses Angebot an:

☐ Backwerkstatt   ☐ Esel-Trecking   ☐ Woher kommt Honig?

☐ Klettern   ☒ Park-Rallye   ☐ Kunst im Wald

Telefonnummer der Erziehungsberechtigten*: *0162 2081430*

Lebach, 16.05.2025   *Julia Kostakis*
Ort, Datum   Unterschrift

---

* Erziehungsberechtigte:
Eltern, Pflege-Eltern oder
ähnliche Personen

---

1 Welches Angebot gefällt dir?
Fülle das Formular für dich aus.

Anmeldung für den Ausflug in den Naturpark *Jägerberg*

Nachname, Vorname   _____

Klasse: _____

Kreuze an, was zutrifft:
Für den Ausflug in den Naturpark *Jägerberg* melde ich mich für dieses Angebot an:

☐ Backwerkstatt   ☐ Esel-Trecking   ☐ Woher kommt Honig?

☐ Klettern   ☐ Park-Rallye   ☐ Kunst im Wald

Telefonnummer der Erziehungsberechtigten: _____

_____   _____
Ort, Datum   Unterschrift

Du hast einen Prospekt gelesen und wichtige Informationen gesammelt.

2 Was kannst du nun? Kreuze an.

	☺
Ich kann ein passendes Angebot finden.	☐
Ich kann wichtige Informationen aufschreiben.	☐
Ich weiß, wie ich ein Formular ausfülle.	☐

Von Regen und leisen Tieren – Gedichte lesen
Regenlied – ein Gedicht lesen

In diesem Kapitel liest du Gedichte über die Natur.
Zuerst liest du ein Gedicht über den Regen von Sarah Kirsch.

1 Vor dem Lesen

▶ Lese-Profi,
Umschlag vorn

▶ Video

1 a) Sieh dir die Bilder an.
b) Worum könnte es in dem Gedicht gehen? Kreuze an.

Der Regen ☐ macht traurig. / ☐ macht fröhlich. / ☐ macht Spaß.

2 Lies das Gedicht leise.

▶ Audio

Sarah Kirsch

📖 Regenlied

1 Regen fällt vom Himmel,
2 grün wird jedes Gras,
3 Regen fällt vom Himmel,
4 macht den Kindern Spaß.

5 Regen ist ein Besen,
6 fegt die Luft ganz rein,
7 springt auf unsre Nasen
8 und wäscht jeden Stein.

9 Sonne möchte schimmern*,
10 es wird was Schönes draus:
11 Regenbogen flimmern**
12 über unserm Haus. V

*schimmern: scheinen, leuchten
**flimmern: glitzern

3 Wie heißt die Überschrift des Gedichts? Schreibe sie auf.

4 Welche Wörter und Wortgruppen passen zu dem Gedicht? Kreise sie ein.

→ die gute Laune • das Wasser • der Spaß • trocken • die frische Luft • grau • bunt

Regenlied – ein Gedicht lesen

> **!**
> Gedichte haben eine besondere Form.
> Gedichte klingen besonders.

Gedichte haben eine besondere Form:
Dieses Gedicht hat Abschnitte. Sie heißen Strophen.

5 Wie viele Strophen hat das Gedicht? Ergänze den Satz.

Das Gedicht hat _____ Strophen.

In dem Gedicht erzählt jede Strophe etwas vom Regen.

6 a) Lies die **erste Strophe** noch einmal. ▶ Audio
b) Was erzählt die Strophe vom Regen? Kreuze zwei Sätze an.

☐ Der Regen macht das Gras grün.

☐ Der Regen macht die Kinder traurig.

☐ Die Kinder spielen gerne im Regen.

7 a) Lies die **zweite Strophe** noch einmal. ▶ Audio
b) Was erzählt die Strophe vom Regen? Kreuze zwei Sätze an.

☐ Der Regen macht die Luft sauber.

☐ Die Steine werden schmutzig im Regen.

☐ Wir spüren die Regentropfen auf unseren Nasen.

8 a) Lies die **dritte Strophe** noch einmal. ▶ Audio
b) Wovon erzählt die Strophe? Markiere den richtigen Satz.

Die Sonne will scheinen und ein Unwetter bricht aus.

Die Sonne will scheinen und es entstehen Regenbogen.

9 Male einen Regenbogen.

Das leise Gedicht – ein Gedicht lesen

**Viele Geräusche sind sehr leise. Wir hören sie, wenn wir still sind.
Einige Tiere zum Beispiel bewegen sich ganz leise.
Alfred Könner hat darüber ein Gedicht geschrieben.**

1 Lies das Gedicht leise.

Alfred Könner

📖 Das leise Gedicht

1 Wer **mäuschenstill** am Bache sitzt,

2 kann **hören**, wie ein Fischlein **flitzt***.

3 Wer **mäuschenstill** im Grase liegt,

4 kann **hören**, wie ein **Falter**** **fliegt**.

5 Wer **mäuschenstill** im Bette lauscht,

6 kann **hören**, wie der **Regen rauscht**.

7 Wer **mäuschenstill** im Walde steht,

8 kann **hören**, wie ein **Rehlein geht**.

9 Wer **mäuschenstill** ist und nicht stört,

10 kann **hören**, was man **sonst nicht hört**. ⊻

* flitzt: schnell schwimmt   ** Falter: Schmetterling

2 In dem Gedicht kommen drei Tiere vor.
👁 **a)** Sieh dir das Bild an.
✏ **b)** Markiere die Tiere im Gedicht.
    Tipp: Die Strophen 1, 2 und 4 helfen dir.

✏ **3** Tiere können sehr leise sein.
Welches Tier ist für dich besonders leise?

→ der Fisch, der Falter, das Reh, die Maus ...

4 Es gibt viele leise Geräusche.
🖐 **a)** Welche leisen Geräusche kannst du selbst machen? Probiere es aus.
✏ **b)** Schreibe deine leisen Geräusche auf.

Das leise Gedicht – ein Gedicht lesen

In dem Gedicht wird ein besonderes Wort für still verwendet.

5 **a)** Lies die erste Strophe noch einmal.

b) Wie still muss man sein, um ein Fischlein zu hören? Ergänze.

Man muss _____ sein. → mäuschenstill
kleine Maus

Das bedeutet: still wie eine _____ .

6 Durch welche Wörter kannst du **mäuschenstill** ersetzen? Kreise ein.

→ sehr leise • wild • lautlos • ruhig • laut

Gedichte haben oft kurze Zeilen. Die Zeilen im Gedicht heißen Verse.

7 In welchen Versen steht das Wort **mäuschenstill**?

_1_ , _____ , _____ , _____ , _____

Oft klingen Wörter an den Vers-Enden ähnlich. Die Wörter reimen sich.

8 Welche Wörter reimen sich?

a) Sprich immer vier Wörter laut. Höre, wie sie klingen. ▶ Audio

b) Verbinde nun die Wörter, die sich reimen. ▶ Quiz

| sitzt | liegt | | lauscht | steht |
| fliegt | flitzt | | geht | rauscht |

9 Welche Reimwörter klingen für dich schön? Schreibe sie auf. ▶ Audio

Du hast in diesem Kapitel zwei Gedichte gelesen.

10 Welches Gedicht gefällt dir besser? Begründe. → das Regenlied
Das leise Gedicht

Mir gefällt _____ besser,

es lustig ist,
es gut klingt,
weil _____ . ich es verstanden
habe ...

25

Das Zwergenloch im Hamkenstein – eine Sage lesen
Eine Sage lesen

Seit Jahrhunderten erzählen die Menschen Sagen.
Das sind Geschichten, die oft an besonderen Orten spielen.
Die Orte gibt es meistens wirklich. Die Sagen erzählen
von etwas Ungewöhnlichem, das dort angeblich passierte.

Auch zu diesem Ort gibt es eine Sage.

1 Der **Berg Hamkenstein** liegt
2 in **Norddeutschland**
3 bei der **Stadt Sudershausen**.
4 In dem Berg ist **eine Höhle**.
5 Die Höhle heißt **Zwergenloch**.
6 Diese Höhle ist so klein,
7 dass ein erwachsener Mensch
8 nicht hineinpasst.

1 **a)** Wie heißt der Berg? Wie heißt die Höhle?
        Markiere die Namen im Sachtext.
     b) Bei welcher Stadt liegt der Berg? Kreise sie in der Landkarte ein.

Über diese Höhle im Hamkenstein liest du eine Sage.
Die Bilder verraten dir, worum es in der Sage geht.

 1 **Vor dem Lesen**

▶ Lese-Profi,
Umschlag vorn

Ich sehe mir die Bilder an.

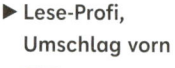
▶  Video

2 Was siehst du auf den Bildern? Kreise passende Wörter ein. ▶ Quiz

→ einen Bauern • einen Esel • Zwerge • Erbsen • einen Beutel • einen Drachen

Eine Sage lesen

 2 **Beim Lesen**

▶ Lese-Profi,
Umschlag vorn

Ich lese die **Schlüsselwörter**. Was verraten sie mir über die Sage? ▶  Video

Das Zwergenloch im Hamkenstein

▶ 🖑 Audio

1 **Im Berg Hamkenstein** gibt es **eine Höhle**.
2 Die Höhle heißt **Zwergenloch**.
3 **Bei dieser Höhle** hatte vor langer Zeit **ein Bauer**
4 **sein Feld**. Auf dem Feld **pflanzte** er **Erbsen**.
5 Aber als der Bauer ernten wollte, sah er:
6 **Viele Erbsen waren gestohlen**.

7 Der Bauer wollte die **Diebe erwischen**.
8 Er versteckte sich nachts und
9 **beobachtete** sein **Feld**. Da **sah** er **Zwerge**.
10 Sie **kamen aus** der nahen **Höhle**.
11 Die Zwerge liefen zu seinem Feld und
12 **pflückten** dort noch mehr **Erbsen**.

✏ **3** Beantworte die Fragen zu der Sage.
a) Markiere die Antworten im Text.
b) Ergänze die Sätze.

– Was pflanzte ein Bauer auf seinem Feld?

Ein Bauer

– Was sah der Bauer, als er die Erbsen ernten wollte?

Viele Erbsen

– Warum beobachtete der Bauer nachts sein Feld?

Der Bauer

– Was taten die Zwerge?

Die Zwerge

Sie

Eine Sage lesen

📖 **Der Bauer wollte die Zwerge erwischen.** ▶  Audio

13 Die **Zwerge wollten zurück** zu ihrer Höhle laufen.

14 Da **versperrte** ihnen der **Bauer** den **Weg**.

15 „**Das sind meine Erbsen**", sagte er streng.

16 Die Zwerge riefen: „**Das wussten wir nicht!**

17 **Wir bezahlen dir viele Goldstücke für die Erbsen.**"

18 Der Bauer war einverstanden, denn das war

19 viel wert.

20 Die **Zwerge brachten** einen **großen Beutel**.

21 Nun sollte der **Bauer** noch etwas **versprechen**.

22 Das tat er auch und sagte zu den Zwergen:

23 „**Ich werde den Beutel erst zu Hause öffnen.**"

24 So **bekam** er den **Beutel**.

25 Dann machte er sich froh **auf den Heimweg**.

🖊 **4** Der Bauer erwischte die Zwerge.
- **a)** Was sagte der Bauer zuerst? Markiere es farbig im Text.
- **b)** Was riefen die Zwerge? Markiere in einer anderen Farbe.
- **c)** Schreibe die Sätze in die Sprechblasen.

🖊 **5** Was wollten die Zwerge für die gestohlenen Erbsen bezahlen?

☐ viele Silberstücke   ☐ viele Goldstücke   ☐ drei Edelsteine

Eine Sage lesen

✏️ **6** Der Bauer sollte den Zwergen etwas versprechen.
   a) Markiere im Text, was er sagte.
   b) Schreibe sein Versprechen auf.

„Ich _____

_____ "

📖 **Der Heimweg vom Bauern war lang ...**   ▶ 🖰 Audio

26 Auf dem Heimweg wurde der **Bauer ungeduldig**.

27 Er wollte die **Goldstücke** sofort **sehen**.

28 Deshalb **öffnete** er den **Beutel** schon **unterwegs**.

29 So **brach** er sein **Versprechen**.

30 Aber **in dem Beutel** waren keine Goldstücke,

31 sondern nur **stinkende Pferde-Äpfel**.

32 Das war die Strafe, weil er sein Versprechen brach.

33 Aber der **Bauer glaubte**, dass die **Zwerge**

34 **ihn betrogen** hatten. Wütend **schüttete** er fast

35 alle **Pferde-Äpfel in** einen **Graben** am Straßenrand.

36 Es blieben nur wenige Pferde-Äpfel in dem Beutel.

✂️✏️ **7** Was passierte dem Bauern auf dem Heimweg?   ▶ 🖰 Quiz
   Verbinde jeden Satzanfang mit dem richtigen Satzende.

Der Bauer wurde ungeduldig •	• in einen Graben.
Im Beutel fand er aber nur •	• dass die Zwerge ihn betrogen hatten.
Der Bauer dachte, •	• und öffnete den Beutel unterwegs.
Er schüttete fast alle Pferde-Äpfel •	• stinkende Pferde-Äpfel.

✏️ **8** Warum fand der Bauer im Beutel nur stinkende Pferde-Äpfel?
   Kreuze den richtigen Grund an.

Der Bauer fand im Beutel nur stinkende Pferde-Äpfel, ...

☐ weil er sein Versprechen brach.

☐ weil die Zwerge ihn betrogen hatten.

Eine Sage lesen

Endlich kam der Bauer zu Hause an.

▶  Audio

37 **Zu Hause** erzählte der Bauer seiner Frau
38 von dem Betrug der Zwerge. Er öffnete den Beutel,
39 um ihr die restlichen Pferde-Äpfel zu zeigen.
40 Doch **in dem Beutel** waren **Goldstücke**.
41 Die Pferde-Äpfel waren zu Goldstücken geworden.
42 Schnell **lief** der Bauer **zu dem Graben zurück**,
43 wo er die Pferde-Äpfel ausschüttete.
44 **Dort** mussten nun auch **Goldstücke** sein.
45 Er wollte sie holen. Aber er fand dort **nichts mehr**.
46 Die **Zwerge** hatten die Goldstücke schon **eingesammelt**.
47 **Seit dieser Zeit** nennt man die **Höhle**
48 im Berg Hamkenstein **Zwergenloch**. V

9 Wie endet die Sage? Ergänze die Sätze.

→ die Zwerge
Goldstücke
nichts mehr
den Beutel

Zu Hause öffnete der Bauer _____ .

In dem Beutel waren _____ .

Er lief zurück zum Graben, aber dort fand er _____ .

Denn _____ hatten die Goldstücke eingesammelt.

**Du hast die Sage von einer besonderen Höhle gelesen.
Diese Höhle gibt es wirklich.**

10 Beantworte die Fragen zu der Sage.

– An welchem wirklichen Ort liegt die Höhle?

Die Höhle

– Wie nennt man diese Höhle?

– Wer lebte angeblich in dieser Höhle?

Eine Sage kennen

Du hast die ganze Sage gelesen. Nun weißt du, worum es in der Sage geht.

1 Hier stehen Sätze zu der ganzen Sage.
Welche sind richtig, welche falsch? Kreuze an.

▶ 🖱 Quiz

	richtig	falsch
Die Zwerge pflückten die Erbsen des Bauern.	☐	☐
Der Bauer folgte den Zwergen bis in ihre Höhle hinein.	☐	☐
Die Zwerge wollten für die Erbsen bezahlen.	☐	☐
Die Zwerge gaben dem Bauern einen großen Beutel.	☐	☐
Der Bauer schaute erst zu Hause in den Beutel.	☐	☐
Der Bauer fand Pflaumen in dem Beutel.	☐	☐
Der Bauer warf die Pferde-Äpfel in einen Graben.	☐	☐
Zu Hause fand der Bauer Goldstücke in dem Beutel.	☐	☐
Am Ende fand der Bauer die Goldstücke in dem Graben.	☐	☐

☆ **2** Die Abschnitte zu der Sage sind durcheinander.
Ordne sie richtig: Schreibe die Zahlen von 1 bis 4 in die Kästchen.

☐ Die Zwerge wollten die Erbsen mit Goldstücken bezahlen.
Sie brachten dem Bauern einen Beutel.
Der Bauer versprach, den Beutel erst zu Hause zu öffnen.

☐ Zwerge stahlen einem Bauern die Erbsen vom Feld.
Der Bauer erwischte die Zwerge.

☐ Zu Hause fand der Bauer Goldstücke in dem Beutel.
Er lief zurück zum Graben. Aber dort fand er nichts mehr.

☐ Der Bauer brach sein Versprechen und öffnete den Beutel unterwegs.
Im Beutel waren aber nur stinkende Pferde-Äpfel.
Der Bauer war wütend und schüttete sie in einen Graben.

3 Was kannst du jetzt? Kreuze an.

	☺
Ich kann eine längere Sage lesen und verstehen.	☐
Ich weiß, dass es die Orte aus den Sagen oft wirklich gibt.	☐
Ich weiß, dass Sagen von etwas Ungewöhnlichem erzählen.	☐

Die Klasse 6 hat die Bücherei besucht. Jedes Kind hat sich ein Buch ausgeliehen. Erik, Edin und Mia sprechen über ihre Bücher.

Erik

> Mein Buch ist sehr interessant! Es geht darin um clevere Tiere, das sind sehr schlaue Tiere. Der **Autor** heißt Steve Mould.

Edin

> Der Titel von meinem Buch klingt gruselig! Der **Titel** ist: Spuk im Kiosk. Das klingt nach Geistern. Das macht mich neugierig.

Mia

> Das **Bild** auf meinem Cover sieht spannend aus: Ein Mann und ein Kind fahren in einem Boot. Um sie herum ist ein riesiges Meerestier.

→ das Cover
(die Titelseite):
die Autorin /
der Autor
der Titel
das Bild

Die Kinder beschreiben ihre Bücher.
Sie machen das auf unterschiedliche Weise.

1 **a)** Lies, was Erik, Edin und Mia über ihre Bücher sagen.
    b) Ein Kind nennt den **Autor** und ein Kind den **Titel** vom Buch,
       ein weiteres Kind beschreibt das **Bild** auf dem Cover.
       Markiere diese Angaben in den Sprechblasen.

Erik, Edin und Mia zeigen ihre Bücher. Hier siehst du die Cover.

2 Wer hat welches Buch ausgeliehen?   ►  Quiz
    a) Sieh dir die Cover genau an.
    b) Schreibe die Namen der Kinder unter die passenden Cover.

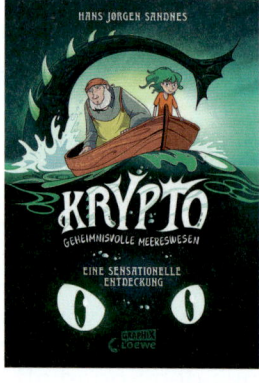

3 Schreibe zu **Edins Buch** den Titel und die Autorin auf.

Der Titel: _____

Die Autorin: _____

4 Schreibe zu **Eriks Buch** den Titel und den Autor auf.

Der Titel: _____

Der Autor: _____

Die Geschichte aus einem Buch wird manchmal in anderen Büchern fortgesetzt. Dies nennt man Buchreihe. Auch Mias Buch gehört zu einer Buchreihe. Sie heißt: Krypto – geheimnisvolle Meereswesen.

5 Welche Angaben findet Mia auf dem Cover?   ▶  Quiz
Beschrifte das Cover mit den passenden Begriffen.

→   der Autor • die Buchreihe • der Titel vom Buch

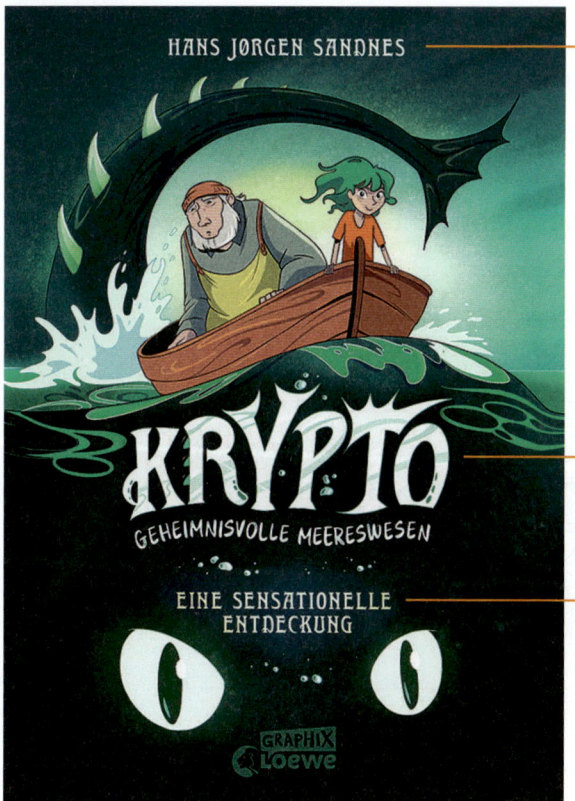

Klappentexte lesen und verstehen

Erik, Edin und Mia wollen mehr über ihre Bücher wissen.
Sie lesen die Klappentexte auf der Rückseite von ihren Büchern.
Die Klappentexte sagen, worum es in den Büchern geht.

1 Lies den Klappentext.   ▶  Audio

1 **Chamäleons** können die Farbe wechseln.
2 Manche **Fische** können sich durch Veränderungen
3 in ihrem Körper vor Frost* schützen. Und einige **Käfer**
4 finden ihren Weg mit Hilfe der Sterne.
5 Die Natur ist [...] genial**! Lerne mehr als
6 **30 schlaue Lebewesen** kennen. Erfahre, warum sie
7 ungewöhnlich sind und was wir Menschen
8 von den **Tricks der Natur** lernen können. [...] ⃞V

*der Frost: Es ist so kalt, dass Wasser gefriert.   **genial: erfinderisch

2 Was erfährst du in dem Klappentext?
Tipp: Drei Antworten sind richtig.

☐ In dem Buch geht es um ungewöhnliche Lebewesen.

☐ Es kommen zum Beispiel Chamäleons vor.

☐ Das Buch informiert über 10 schlaue Tiere.

☐ Das Buch zeigt, was wir von der Natur lernen können.

ein Chamäleon

3 Worum geht es in dem Buch? Schreibe einen Satz zum Inhalt auf.
Wähle dazu **Schlüsselwörter** aus dem Klappentext.

Das Buch informiert über

4 Möchtest du das Buch lesen? Begründe.   → lesen, nicht lesen

Ich möchte das Buch

weil

es interessant ist,
es über Tiere
informiert,
es aufregend ist ...

5 Lies den zweiten Klappentext.  Audio

> 1 Das **Mädchen Ophelia** kommt zu ihrer neuen Pflege-
> 2 familie. Nun **wohnt** sie direkt **am Meer**. Und schon
> 3 bald beginnen hier **Abenteuer**. Zum Glück findet sie
> 4 einen **Freund**, den alten **Fischer Bernard**. Die beiden
> 5 **interessieren** sich für **unentdeckte Meereswesen***.
> 6 Zusammen fahren Ophelia und Bernard
> 7 mit dem Boot auf das Meer hinaus. Dabei **machen** sie
> 8 **eine aufregende Entdeckung**. [...] V

*Meereswesen: Meerestiere

6 Was erfährst du in dem Klappentext? Beantworte die Fragen.
Tipp: Die **Schlüsselwörter** helfen dir.

– Wie heißt das Mädchen in dem Buch?

Das Mädchen heißt

– Wo wohnt das Mädchen?

Das Mädchen wohnt

– Wer ist ihr Freund und wie heißt er?

Ihr Freund ist der

– Wofür interessieren sich das Mädchen und ihr Freund?

Die beiden

– Was machen die beiden am Meer?

Sie

7 Worum geht es in dem Buch? Schreibe mindestens einen Satz. → ein Mädchen und
einen Fischer,
eine Freundschaft,
Abenteuer auf
dem Meer,
eine Entdeckung ...

In dem Buch geht es um

Spuk im Kiosk –
Informationen zu dem Buch sammeln

Edin will sein Buch in der Klasse vorstellen.
Dazu sammelt er Informationen vom Cover und aus dem Klappentext.

▶ 🖥 Audio

1 **Fritzi** verbringt ihre Zeit am liebsten **im Kiosk***

2 **von ihren Großeltern**. Sie isst da manchmal Süßigkeiten

3 und liest [...]. Doch seit Kurzem **passieren** dort

4 **merkwürdige Dinge**: Himbeer-Lollis verschwinden

5 und jemand spielt den Kunden fiese Streiche.

6 **Fritzi und ihr** bester **Freund** Carlos **wollen wissen**,

7 **was** da **los ist**. Deshalb **übernachten** sie **im Kiosk**.

8 Und da geht der Spuk** erst richtig los! [...] V

*der Kiosk: ein Häuschen, in dem man Snacks und andere Dinge kaufen kann
**der Spuk: Wenn Geister zaubern, nennt man das Spuk.

Edin sammelt zuerst Informationen vom Cover.

1 Das **Cover** verrät schon etwas über den Inhalt.

👁 ✏ **a)** Was zeigt das Bild auf dem Cover? Beschreibe.

→ ein rundes Häuschen, ein runder Kiosk, zwei Kinder, dunkel, Nacht, viele Süßigkeiten ...

Auf dem Bild ist _____

Drinnen sieht man _____

Um den Kiosk fliegen _____

Draußen ist es _____

✏ **b)** Was verrät der Titel über das Buch? Erkläre.

Der Titel vom Buch heißt

In dem Buch geht es um einen Spuk: Das ist, wenn

Der Spuk passiert in einem Kiosk. Das ist

Spuk im Kiosk – Informationen zu dem Buch sammeln

Edin sammelt nun Informationen aus dem Klappentext.

2 Auch der **Klappentext** verrät etwas über das Buch.

a) Lies den Klappentext auf Seite 36.

b) Was erfährst du? Kreuze an.
Tipp: Vier Antworten sind richtig.

☐ Fritzi ist sehr gerne im Kiosk von ihren Großeltern.

☐ Fritzi nascht im Kiosk Obst und Gemüse.

☐ Im Kiosk passieren langweilige Dinge.

☐ Fritzis bester Freund ist Carlos.

☐ Die Freunde übernachten im Kiosk.

☐ Sie erleben den Spuk im Kiosk.

3 Worum geht es in dem Buch genau?
Ergänze die Sätze.
Tipp: Die **Schlüsselwörter** im Klappentext helfen dir.

Das Mädchen in dem Buch heißt

Sie ist gerne im

Dort passieren seit Kurzem

Fritzi und

4 Was ist an dem Buch spannend?

Das ist spannend:

→ der Spuk,
die merkwürdigen Dinge,
die fiesen Streiche,
die Nacht im Kiosk
...

Spuk im Kiosk –
einen spannenden Ausschnitt lesen

Edin hat in dem Buch einen spannenden Ausschnitt gefunden.

 1 Wende den Schritt **2** vom Lese-Profi an.

▶ Lese-Profi,
Umschlag vorn

▶ Video

2 **Beim Lesen**

   a) Ich lese die **Schlüsselwörter**.
   b) Ich lese den Text einmal durch.
   c) Ich lese den Text genau. Was steht in den Abschnitten?

Fritzi und Carlos stehen vor dem Kiosk. Da passiert etwas …

 **Der See aus Limonade**  ▶ Audio

1 **Im Kiosk** gibt es einen **lauten Knall**. Mir fliegen fast
2 die Ohren weg. Im ersten Moment sind **Carlos und**
3 **ich wie erstarrt**. Erschrocken gucken wir uns an.
4 „**W-was war das?**", fragt Carlos leise.
5 Ich zucke mit den Schultern. Denn ich habe
6 **keine Ahnung**. Ich weiß nur: Es war nichts Gutes. […]

2 Was passiert im ersten Abschnitt? Markiere die richtigen Sätze.

Fritzi und Carlos hören einen lauten Knall aus dem Kiosk.
Hinter dem Kiosk gibt es ein Feuerwerk.
Die Freunde wissen nicht, was passiert ist.

 ▶ Audio

7 Als ich **in den Kiosk schaue**, kann ich nicht glauben,
8 was ich sehe. Meine **Großeltern stehen**
9 bis zu den Knöcheln **in einem See aus Limonade**. […]
10 Der ganze Boden ist überflutet mit dem klebrigen Zeug.
11 Mein Blick fällt auf das **Kühlregal** und ich muss
12 schlucken. Die **Flaschen** darin sind **explodiert***. […]
13 Und zwar **alle**.
14 „Hört das denn nie auf?", murmelt meine Oma.
15 Mein Opa hebt ratlos die Hände.
16 Da entdeckt er Carlos und mich in der Tür.
17 „Bleibt bloß draußen!", ruft er. „Hier sind **überall**
18 **Scherben**. Die Sauerei machen wir weg!" […]

*explodiert: geplatzt, zerstört

3 Was passiert im zweiten Abschnitt? Ergänze die Sätze.

Im Kiosk stehen die Großeltern

Die Limo-Flaschen im Kühlregal sind

Überall liegen

📖 **Fritzi hat nun einen schlimmen Verdacht. Sie erzählt Carlos davon:** ▶ 👆 Audio

19 „Jemand will **Oma und Opa schaden**."

20 Carlos staunt. „Meinst du echt? [...] Aber die beiden

21 sind doch die nettesten Kiosk-Besitzer der Stadt!" [...]

22 Trotzdem, jemand muss dahinterstecken.

23 Und ich will **herausfinden, wer das macht**!

24 Ich habe sogar schon **einen Plan**. Ich werde mich

25 **auf die Lauer legen***. Gleich **heute Abend**. [...]

26 Ich werde **den Übeltäter** mitten **in der Nacht ertappen**.

27 Als ich Carlos von meiner Idee erzähle, werden

28 seine Augen groß.

29 „Bist du dabei?", frage ich. Carlos schluckt.

30 „Du willst **im Kiosk übernachten**?", fragt er. „Allein?"

31 „Nicht allein", sage ich. „**Mit dir**." [...] |V|

*sich auf die Lauer legen: versteckt auf jemanden warten und ihn erwischen

4 Was passiert im dritten Abschnitt? Ergänze die Sätze.   → helfen
Oma und Opa
erwischen

Fritzi glaubt, dass jemand _____ schaden will.

Fritzi will den Übeltäter in der Nacht _____ .

Carlos soll ihr dabei _____ .

Du hast in diesem Kapitel drei Bücher kennen gelernt.

5 Welches Buch gefällt dir am besten? Begründe.   → Spuk im Kiosk,
Tierisch clever,
Krypto

Mir gefällt das Buch _____ ,

weil _____

es um Geister geht,
es interessant ist,
es spannend ist ...

Benni machte mit seiner Klasse einen Ausflug in den Kletterwald.
Die Bilder zeigen, was Benni erlebte.

die Kinder

Benni

1 **a)** Sieh dir die Bilder 1 bis 5 an.

b) Schreibe die Wortgruppen unter die passenden Bilder.

→ Benni auf der Hängebrücke • die Kinder im Kletterwald •
Benni vor der Seilrutsche • Benni auf der Seilrutsche • Lea und Benni

2 **a)** Sieh dir nun nochmal die Bilder 3 und 4 an.

b) Ergänze die Sätze zu den Bildern.

→ machte ihm Mut
traute sich nicht

Benni stand vor der Seilrutsche. Er _____ .

Lea sprach mit Benni. Sie _____ .

Die Geschichte planen

Du kannst über das Erlebnis von Benni eine Geschichte schreiben.
Der Schreib-Profi hilft dir beim Schreiben, Schritt für Schritt.

1 Vor dem Schreiben

Ich plane meine Geschichte.
Worüber schreibe ich?

▶ Schreib-Profi,
Umschlag hinten

▶ Video

1 **a)** Sieh dir nochmal die Bilder auf Seite 40 an.
b) Lies nochmal deine Wortgruppen unter den Bildern.
c) Beantworte die Fragen zu der Geschichte.

– Wo war Benni mit seiner Klasse?

– Mit wem war Benni dort?

– Wo kletterte Benni zuerst?

– Wo stand Benni danach?

– Welches Problem hatte Benni dort?

– Wie half Lea?

– Was passierte am Ende?

Die Geschichte schreiben

Für deine Geschichte sammelst du Adjektive und Verben.
Sie machen deine Geschichte anschaulich und man kann sie sich gut vorstellen.

2 Beim Schreiben

Ich sammle und ordne.
Welche Wörter brauche ich?

▶ Schreib-Profi,
   Umschlag hinten

▶ Video

1 a) Sieh dir die Hängebrücke an.
   b) Schreibe passende Adjektive zu der Hängebrücke auf.

→ lang • schmal • wackelig • rutschig • beweglich ...

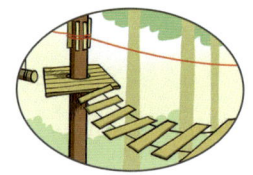

Die Hängebrücke: _____

_____

2 a) Sieh dir die Seilrutsche an.
   b) Schreibe passende Adjektive zu der Seilrutsche auf.

→ gefährlich • abenteuerlich • hoch • steil • schnell ...

Die Seilrutsche: _____

_____

Die Geschichte schreiben

Du beschreibst mit Adjektiven, wie Benni sich fühlte.

3 Wie fühlte sich Benni zuerst vor der Seilrutsche?

👁 **a)** Sieh dir Bennis Gesicht an.

✏ **b)** Sammle passende Adjektive im Cluster.

→ traurig • ängstlich • unglücklich • unsicher • aufgeregt …

Benni
vor der Seilrutsche

4 Bennis Gefühle änderten sich.
Wie fühlte sich Benni danach auf der Seilrutsche?

👁 **a)** Sieh dir nun Bennis Gesicht an.

✏ **b)** Sammle passende Adjektive im Cluster.

→ fröhlich • mutig • glücklich • sicher • stolz • erleichtert …

Benni
auf der Seilrutsche

Du beschreibst mit Verben, was Benni genau machte.

👁 **5** **a)** Sieh dir Benni rechts auf dem Bild an.

✏ **b)** Kreuze ein treffendes Verb an.

Benni
☐ lief
☐ flitzte   über die Hängebrücke.
☐ rannte

👁 **6** **a)** Sieh dir nun Benni auf diesem Bild rechts an.

✏ **b)** Kreuze ein treffendes Verb an.

Mit der Seilrutsche
☐ sauste
☐ flog   Benni ins Ziel.
☐ raste

43

Die Geschichte schreiben

Du erzählst und schreibst, was Benni im Kletterwald erlebte.

7 Schreibe den Anfang der Geschichte.
a) Verbinde die Satzteile passend.
b) Schreibe die Sätze auf.

| Am Wandertag machte Benni mit seiner Klasse | • | • | im Kletterwald. |
| Alle Kinder kletterten mit viel Spaß | • | • | einen Ausflug. |

Am Wandertag _____

_____

_____

8 Was passierte dann? Schreibe vier Sätze.
  – Ergänze passende Adjektive von Aufgabe 1, Seite 42.
  – Wähle ein treffendes Verb von Aufgabe 5, Seite 43.

| Benni | kletterte probierte | mit Lea | die schwierigen Stationen. die spannenden Stationen. |

| Die Hängebrücke | war | ... | und | ... |

| Sie | schwebte hing | oben | zwischen den Bäumen. zwischen den Stämmen. |

| Aber Benni | ... | über die Hängebrücke. |

_____

_____

_____

_____

_____

_____

Die Geschichte schreiben

Benni war bei der Seilrutsche.

✎ **9** Beschreibe nun die Seilrutsche. Schreibe vier Sätze.
Ergänze passende Adjektive von Seite 42.

Dann Danach	kam kletterte	Benni er	zu der Seilrutsche.

Sie	stand begann	ganz oben weit oben	im Wald. über dem Boden.

Die Seilrutsche	führte	ohne Geländer ohne Halt	tief hinunter. bis zum Ziel.

Sie	wirkte	...	und	...

_____

_____

_____

_____

_____

✎ **10** Beschreibe, wie Benni sich zuerst vor der Seilrutsche fühlte.
Ergänze zwei passende Adjektive von Seite 43.

Vor der Seilrutsche fühlte sich Benni _____

und _____ .

✎ **11** Ergänze, was Benni und Lea redeten.
Wähle passende Sätze aus oder schreibe eigene.

→ Ist das gefährlich? • Hab keine Angst! •
Es kann nichts schiefgehen! • Kann man abstürzen?

Benni fragte Lea: „_____"

Lea antwortete: „_____"

Die Geschichte schreiben

Benni traute sich, mit der Seilrutsche zu fahren.

12 Schreibe das Ende der Geschichte.

a) Was machte Benni? Ergänze die Sätze.
Verwende dein Ergebnis von Aufgabe 6, Seite 43.

→ holte tief Luft • nahm Anlauf • hielt sich am Seil fest •
stieß sich vom Brett ab • sprang los ...

Benni _____

und _____

Mit der Seilrutsche _____

_____

b) Wie fühlte sich Benni beim Fahren mit der Seilrutsche? Ergänze.
Verwende ein passendes Adjektiv von Aufgabe 4, Seite 43.

Benni fühlte sich dabei _____

13 Was könnte Benni nach seiner Fahrt mit der Seilrutsche sagen?
Schreibe deine Idee auf.

_____

_____

_____

_____

Nun schreibst du noch eine Überschrift für deine Geschichte.

14 Wähle eine Überschrift oder finde eine eigene.
Schreibe deine Überschrift auf.

→ Der Ausflug in
den Kletterwald,
Hoch oben im Wald,
Benni saust
durch die Luft ...

_____

_____

Die Geschichte überprüfen und überarbeiten

Du überprüfst deine Geschichte. Dann kannst du sie überarbeiten.

3 Nach dem Schreiben

a) Ich überprüfe meine Geschichte.
b) Ich überarbeite meine Geschichte.

▶ Schreib-Profi,
  Umschlag hinten

▶ Video

1 Überprüfe deine Geschichte mithilfe der Checkliste. Kreuze an.

	ja	noch nicht
Ich habe eine Überschrift geschrieben.	☐	☐
Ich habe zu jedem Bild etwas geschrieben.	☐	☐
Ich habe passende Adjektive und treffende Verben verwendet.	☐	☐
Meine Geschichte passt zu den Bildern.	☐	☐
Ich kann alles lesen.	☐	☐

2 Überarbeite deine Geschichte, wenn nötig.

3 Schreibe deine überarbeitete Geschichte in dein Heft oder
mit dem PC.
Tipp: Du kannst zuerst die Handübungen von Seite 5 machen.

▶ Video

Du hast eine Geschichte mit dem Schreib-Profi geschrieben.

4 Worauf bist du besonders stolz? Kreuze an.
Du kannst auch einen eigenen Satz schreiben.

Darauf bin ich stolz:	☺
Ich habe auch schwere Aufgaben bearbeitet.	☐
Ich habe viele Wörter gesammelt.	☐
Ich habe eine Geschichte geschrieben.	☐
Ich _____	☐

Experimente im Alltag – genau beschreiben
Salz und Pfeffer – ein Experiment kennen lernen

Auf dem Schulfest bietet die Klasse 6 Experimente für die Besucher an.
Ein Experiment heißt: **Salz und Pfeffer mischen und wieder trennen**.

1 **Was braucht man** für das Experiment?

👁 **a)** Sieh dir die Bilder an.

✂ **b)** Verbinde die Bilder mit den passenden Materialien daneben.

Das braucht man:

 • etwas Pfeffer • | • einen Wollpullover •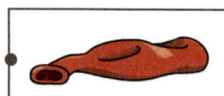

 • einen Teller mit Salz • | • einen Luftballon •

✏ **2** **Was muss man** bei dem Experiment der Reihe nach **tun**?
Schreibe neben jedes Bild die passenden Arbeitsschritte.   ▶ 👆 Quiz

→ den Luftballon aufpusten • den Luftballon nah über den Teller halten •
das Salz und den Pfeffer mischen • den Luftballon an dem Wollpullover reiben

Das muss man tun:

   *das Salz und* _____

_____

   _____

_____

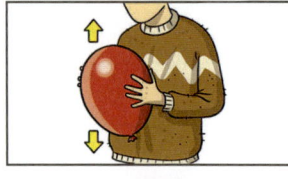   _____

_____

   _____

_____

Das kann man beobachten: Nur der Pfeffer springt an den Luftballon.

Eine Anleitung planen und schreiben

Hanna und Ali wollen zu dem Experiment eine Anleitung schreiben.
Damit können die Besucher das Experiment selbst ausprobieren.
Du schreibst die Anleitung. Der Schreib-Profi hilft dir dabei.

1 Vor dem Schreiben

Ich plane meinen Text.
Was für einen Text schreibe ich?

▶ Schreib-Profi,
   Umschlag hinten

▶ Video

1 Was schreibst du?

☐ ein Buch   ☐ ein Gedicht   ☐ eine Anleitung

Zuerst müssen die Besucher wissen, was man für das Experiment braucht.

2 Schreibe auf, was man für das Experiment braucht.
Tipp: Aufgabe 1 auf Seite 48 hilft dir.

Das braucht man:

einen Teller mit Salz,

Dann müssen die Besucher die Arbeitsschritte der Reihe nach machen.

3 Mache die Reihenfolge der Arbeitsschritte deutlich.
Wähle dazu passende Satzanfänge.

Das muss man tun:

_____ mischt man Salz und Pfeffer auf einem Teller.

Danach _____ pustet man den Luftballon auf.

_____ reibt man den Luftballon an dem Wollpullover.

_____ hält man den Luftballon nah über den Teller.

→ Zuerst, Am Anfang
~~Danach~~, Dann
Nun, Jetzt
Zuletzt, Am Ende

4 Schreibe die vollständige Anleitung in dein Heft.
Tipp: Du kannst zuerst die Handübungen von Seite 5 machen.

▶ Video

Die Spinne im Netz – die Materialien

Die Klasse 6 bietet auf dem Schulfest ein zweites Experiment an.
Das Experiment heißt: **Die Spinne im Netz**.
Hanna und Ali legen die benötigten Materialien bereit.

1 Was braucht man für das Experiment?
a) Sieh dir das Bild mit den Materialien an.
b) Beschrifte die Materialien.

→ Kleber • zwei kleine Zettel • Buntstifte • ein dünner Stab

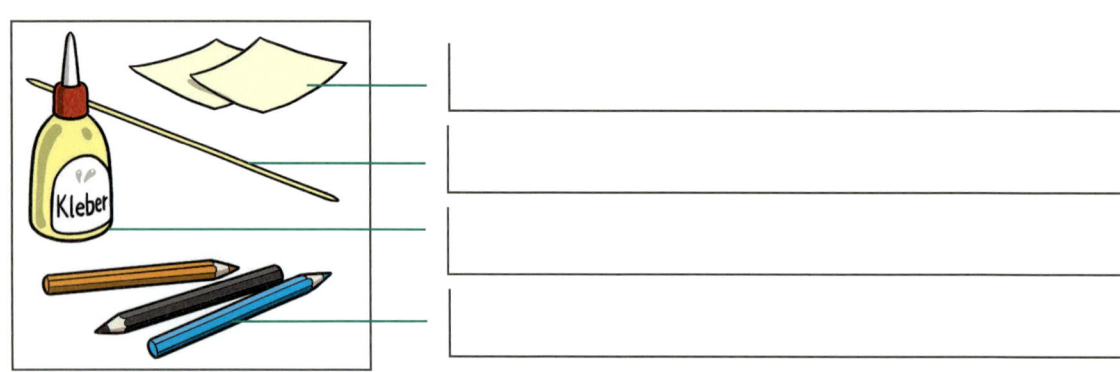

Diese Bilder zeigen, was man mit den Materialien macht.

2 **a)** Sieh dir die Bilder ① bis ③ an.
b) Beantworte die Fragen zu den Bildern.

– ① Was malt man auf den ersten Zettel? Schreibe auf. → ein Spinnen-Netz
eine Spinne

Man malt

– ② Was zeichnet man auf den zweiten Zettel? Schreibe auf.

Man zeichnet

– ③ Wie klebt man den Stab an die Zettel? Kreuze an.

☐ Man klebt den Stab zwischen die Zettel.

☐ Man klebt den Stab an den Rand.

Hanna probiert das Experiment selbst aus. Du lernst es hier kennen.

3 Was muss Hanna der Reihe nach tun?

👁 **a)** Sieh dir die Bilder ① bis ④ an.

✏ **b)** Schreibe die Arbeitsschritte in der richtigen Reihenfolge daneben.

→ den Stab schnell zwischen den Händen drehen • eine Spinne auf den ersten Zettel malen • ein Spinnen-Netz auf den zweiten Zettel zeichnen • den Stab zwischen die Zettel kleben

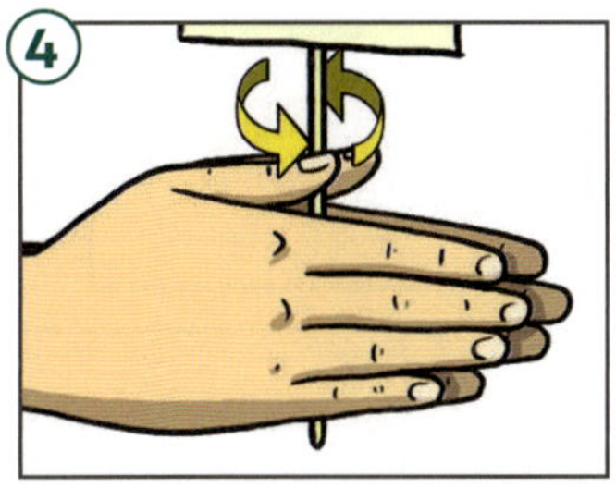

Hanna hat die Bilder auf die Zettel gemalt und sie an den Stab geklebt.
Nun dreht sie den Stab zwischen den Händen und staunt.

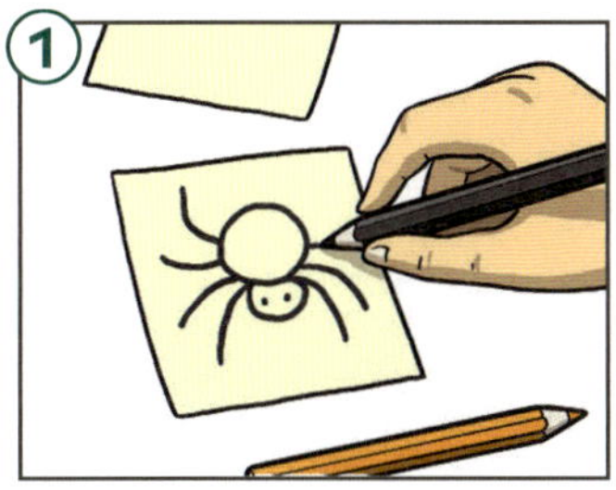

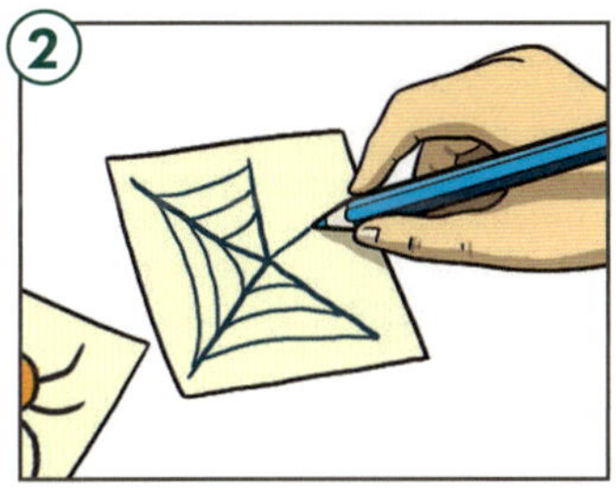

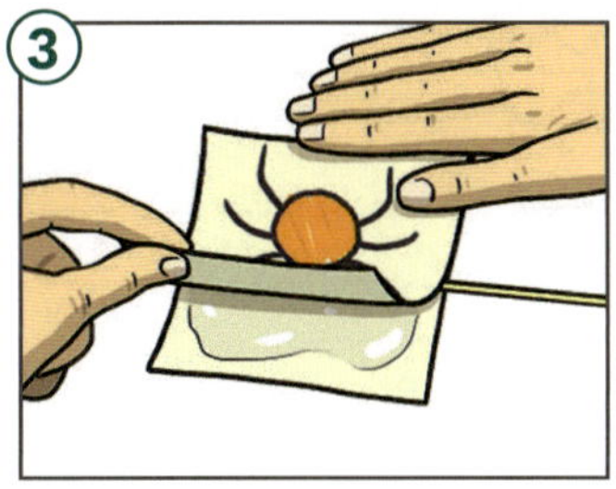

4 Was kann Hanna beobachten?
Kreuze an, was du vermutest.

☐ Man sieht viele kleine Sterne.

☐ Man sieht die Spinne **im** Spinnen-Netz.

Eine weitere Anleitung planen und schreiben

Hanna und Ali wollen auch zu dem zweiten Experiment
eine Anleitung für die Besucher schreiben.
Du schreibst die Anleitung. Der Schreib-Profi hilft dir dabei.

2 Beim Schreiben

▶ Schreib-Profi,
Umschlag hinten

▶  Video

Ich sammle und ordne.
Welche Wörter brauche ich?
Was schreibe ich zuerst? Was schreibe ich danach?

1 Schreibe für die Anleitung die Verben in der man-Form auf.

brauchen: *man braucht* _____   kleben: _____

malen: *man* _____   drehen: _____

zeichnen: _____

Du beschreibst die Arbeitsschritte in der richtigen Reihenfolge.

①    ②    ③    ④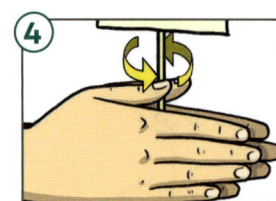

2 Verdeutliche die Reihenfolge durch passende Satzanfänge.
Bilde dazu Sätze und markiere sie.

①	Zuerst Am Anfang Als Erstes	malt	man	eine Spinne	auf den ersten Zettel. auf einen Zettel.
②	Dann Danach Anschließend	zeichnet	man	ein Spinnen-Netz	auf den zweiten Zettel. auf den anderen Zettel.
③	Nun Jetzt Als Nächstes	klebt	man	den Stab zwischen die Zettel.	
④	Zuletzt Am Ende Zum Schluss	dreht	man	den Stab	schnell zwischen den Händen. zwischen den Händen hin und her.

3 Schreibe nun die ganze Anleitung für das Experiment.
Tipp: Du kannst zuerst die Handübungen von Seite 5 machen. ▶ 📱 Video

a) Schreibe die Materialien auf.
b) Schreibe die Arbeitsschritte auf.
Nutze deine Sätze aus Aufgabe 2.

→ zwei kleine Zettel • Buntstifte • Kleber • einen dünnen Stab

Anleitung für das Experiment: Die Spinne im Netz

Das braucht man:

Das muss man tun:

Du hast in dem Kapitel zwei Experimente kennen gelernt und beschrieben.

4 Worauf bist du besonders stolz? Kreuze an.
Du kannst auch einen eigenen Satz schreiben.

Darauf bin ich stolz:	☺
Ich habe alle Aufgaben bearbeitet.	☐
Ich habe eine ganze Anleitung aufgeschrieben.	☐
Ich	☐

Städte – sich im Internet informieren
Sich in Suchmaschinen orientieren

Die Klasse 6 schreibt Steckbriefe über Städte. Tom will über Hamburg schreiben.
Sina gibt einen Tipp: Sie erklärt, wie sie es macht.

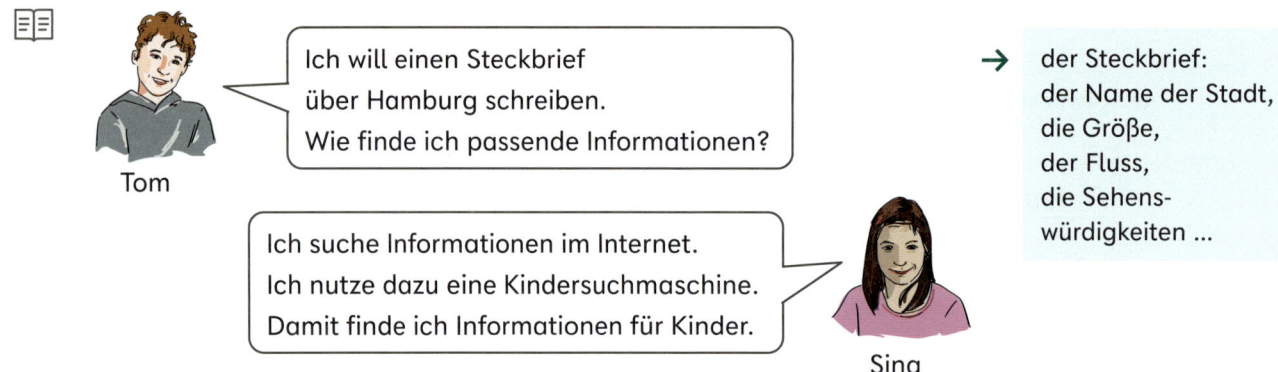

Tom

Ich will einen Steckbrief
über Hamburg schreiben.
Wie finde ich passende Informationen?

→ der Steckbrief:
der Name der Stadt,
die Größe,
der Fluss,
die Sehens-
würdigkeiten ...

Ich suche Informationen im Internet.
Ich nutze dazu eine Kindersuchmaschine.
Damit finde ich Informationen für Kinder.

Sina

Sina zeigt Tom die Kindersuchmaschine **Helles Köpfchen**.
Sina gibt die Web-Adresse ein. Tom sieht sich die Internetseite an.

1 a) Sieh dir die Internetseite auf dem Bild an.

▶ Quiz

b) Welche Wörter vom Rand passen zu den Buchstaben Ⓐ, Ⓑ
und Ⓒ? Schreibe die passenden Wörter auf die Linien.

→ das Suchfeld

die Web-Adresse

der Name
der Suchmaschine

Ⓐ _____

Ⓑ _____

Ⓒ _____

2 Wo klickst du, damit die Suche beginnt? Kreise im Bild ein.

Sich in Suchmaschinen orientieren

Sina zeigt Tom eine andere Kindersuchmaschine. Sie heißt fragFINN.

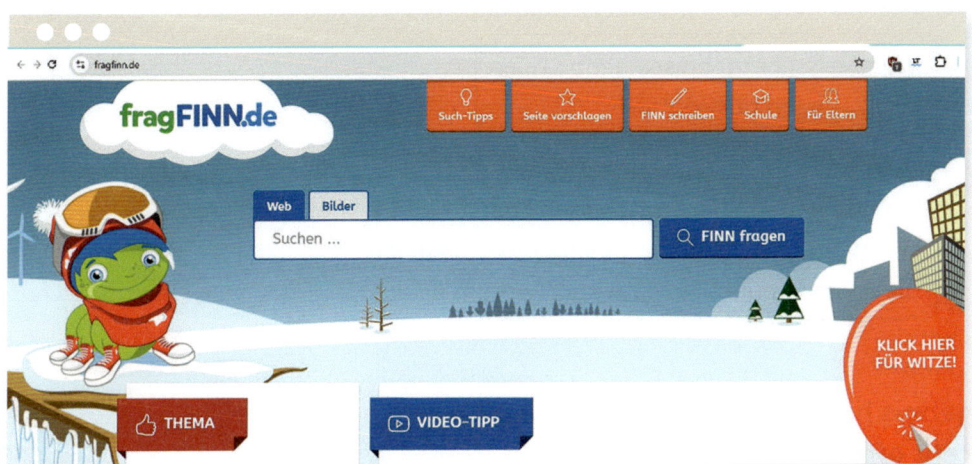

3 **a)** Sieh dir auch diese Internetseite auf dem Bild an.
   b) Wo kannst du suchen? Markiere im Bild das Suchfeld.
   c) Wo klickst du, damit die Suche beginnt? Kreise im Bild ein.

Die Internetseite von fragFinn gibt auch Such-Tipps.
Diese erklären, wie man richtig sucht.

4 Wo findest du die Such-Tipps? Kreise im Bild ein.

5 Was kannst du auf der Internetseite noch entdecken?
   a) Wo findest du einen Tipp für ein Video? Kreise im Bild ein.
   b) Was möchtest du noch anklicken? Schreibe auf.

Du weißt jetzt, wie du Informationen im Internet findest.
Du weißt auch, wie du eine Suchmaschine nutzt.

6 **a)** Schreibe nun den Tipp von Sina für dich auf.   Das merke ich mir!
   b) Markiere die Wörter: **im Internet**, **eine Kindersuchmaschine**.

Tipp: Ich suche

Ich nutze

Damit finde ich

Ein passendes Suchergebnis auswählen

Tom nutzt eine Kindersuchmaschine. Er findet einige Suchergebnisse. Nun will er auswählen. Sina gibt auch hier einen Tipp.

> Welche Suchergebnisse helfen mir?
> Wie kann ich auswählen?

Tom

> Ich lese in den Suchergebnissen zuerst nur die Titel. Wenn ein Titel zu meiner Suche passt, lese ich die Beschreibung. Sie sagt kurz, worum es geht.

Sina

Jedes Suchergebnis hat einen Titel und eine Beschreibung. Dazwischen steht oft die Web-Adresse.

1 Sieh dir das Suchergebnis ① an. Lies die Wörter vom Rand.

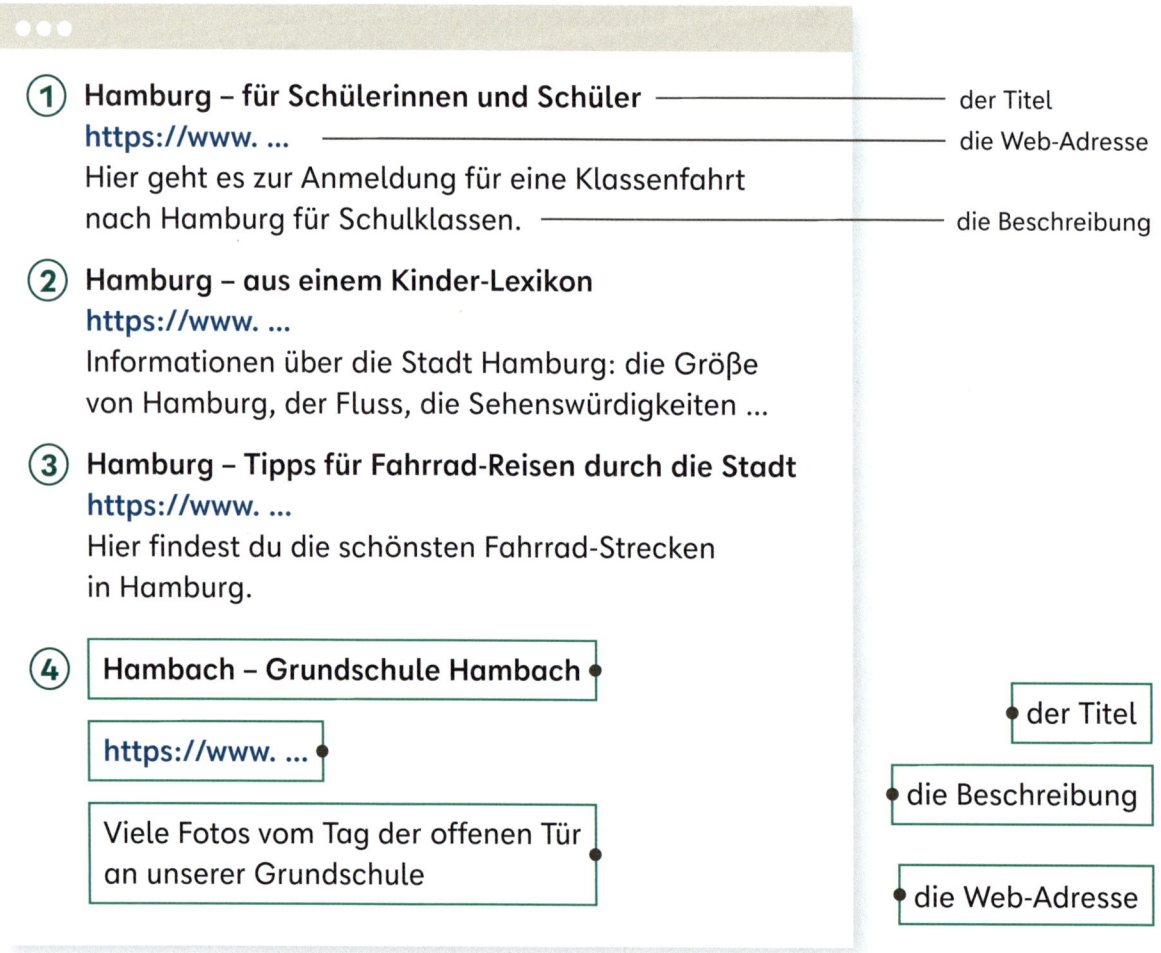

① **Hamburg – für Schülerinnen und Schüler** — der Titel
https://www. ... — die Web-Adresse
Hier geht es zur Anmeldung für eine Klassenfahrt
nach Hamburg für Schulklassen. — die Beschreibung

② **Hamburg – aus einem Kinder-Lexikon**
https://www. ...
Informationen über die Stadt Hamburg: die Größe
von Hamburg, der Fluss, die Sehenswürdigkeiten ...

③ **Hamburg – Tipps für Fahrrad-Reisen durch die Stadt**
https://www. ...
Hier findest du die schönsten Fahrrad-Strecken
in Hamburg.

④ **Hambach – Grundschule Hambach**

https://www. ...

Viele Fotos vom Tag der offenen Tür
an unserer Grundschule

der Titel

die Beschreibung

die Web-Adresse

2 **a)** Sieh dir das Suchergebnis ④ an.
b) Wo stehen der Titel, die Web-Adresse und die Beschreibung? ▶  Quiz
Verbinde passend mit den Wörtern vom Rand.

Ein passendes Suchergebnis auswählen

Tom liest die Titel der Suchergebnisse.
Er überlegt, welcher Titel zu seiner Suche passt.

3 **a)** Lies alle Titel auf Seite 56.
   b) In welchen Titeln geht es um Hamburg? Markiere sie.

4 Welche Titel können **für einen Steckbrief** über Hamburg passen?
   a) Lies die Titel von den Suchergebnissen ① bis ③ genau.
   b) Markiere die Titel, die passen können.

   ① Hamburg – für Schülerinnen und Schüler

   ② Hamburg – aus einem Kinder-Lexikon

   ③ Hamburg – Tipps für Fahrrad-Reisen durch die Stadt

Für einen Steckbrief können mehrere Titel passen.
Tom liest deshalb auch die Beschreibungen.

5 **a)** Lies auf Seite 56 die Beschreibungen
   zu den Suchergebnissen ① und ②.
   b) Markiere in den Beschreibungen Wörter und Wortgruppen,   → die Größe
   die für den Steckbrief passen.   der Fluss
                                                                      die Sehens-
                                                                      würdigkeiten

6 Welches Suchergebnis passt also für den Steckbrief?   → 1, 2 …
   Ergänze den Satz und begründe deine Antwort.
                                                                 es interessant ist,
                                                                 es Informationen
   Es passt das Suchergebnis _____ ,   für den Steckbrief
                                                                 enthält …
   weil _____
   _____

Du weißt jetzt, wie du ein passendes Suchergebnis auswählst.

7 **a)** Schreibe nun den Tipp von Sina für dich auf.
   b) Markiere die Wörter: **die Titel**, **die Beschreibung**.
                                                            Das merke ich mir!

   Tipp: Ich lese in den Suchergebnissen zuerst _____

   Wenn ein Titel _____
   _____

   Sie sagt kurz, _____

Informationen aus einem Internettext entnehmen

**Tom klickt das Suchergebnis ② an. Er findet einen passenden Text.
Der Text enthält viele Informationen über Hamburg. Sina hilft wieder.**

Tom

> Welche Suchergebnisse helfen mir?
> Wie kann ich auswählen?

> Ich lese den Text.
> Ich schreibe dann die Informationen auf,
> die ich für den Steckbrief brauche.

Sina

 1 Vor dem Lesen

Ich sehe mir die Bilder an.
Was sagen sie mir?

▶ Lese-Profi,
Umschlag vorn

▶ 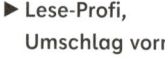 Video

 **Hamburg**

▶  Audio

1 Hamburg ist eine der größten Städte in Deutschland.
2 Die Stadt hat sehr **viele Einwohner**:
3 Dort wohnen fast zwei Millionen Menschen.
4 **Hamburg ist** etwa 755 Quadratkilometer **groß**.

5 Hamburg hat eine **gute Lage**, denn die Stadt
6 liegt in Norddeutschland nahe an der Nordsee.
7 **Ein Fluss** verbindet Hamburg mit der Nordsee.
8 Auf dem Fluss können Schiffe bis zur Nordsee fahren
9 und von da aus weiter in viele Länder der Welt.
10 Der Fluss heißt Elbe. Die Elbe fließt durch Hamburg.
11 Besondere **Sehenswürdigkeiten** sind der Hafen,
12 der Fischmarkt und das Hamburger Rathaus.

  1 **a)** Lies den Text.
b) Beantworte die Fragen.
Markiere dazu die Antworten im Text.

– Wie viele Einwohner hat Hamburg?
– Wie groß ist Hamburg?
– Wo in Deutschland liegt Hamburg?
– Welcher Fluss fließt durch Hamburg?
– Was sind besondere Sehenswürdigkeiten in Hamburg?

Einen Steckbrief schreiben

Nun kann Tom den Steckbrief schreiben.

1 Fülle den Steckbrief aus.

Steckbrief über: _____

die Einwohnerzahl*: _____

die Größe: *etwa 755 Quadratkilometer*

die Lage in Deutschland: _____

_____

der Fluss: _____

die Sehenswürdigkeiten: _____

_____

* die Einwohnerzahl: die Zahl der Menschen, die in Hamburg wohnen

Du hast geübt, wie du dich im Internet über eine Stadt informierst.

2 Was kannst du jetzt? Kreuze an.

	☺
Ich weiß, wie ich im Internet Informationen finde.	☐
Ich weiß, wie ich eine Kindersuchmaschine nutze.	☐
Ich kann ein passendes Suchergebnis auswählen.	☐
Ich kann in einem Internettext Informationen finden.	☐

Du kannst dich im Internet über eine weitere Stadt informieren und noch einen Steckbrief schreiben.

3 **a)** Wähle eine Stadt aus.
b) Finde zu der Stadt Informationen im Internet.
Nutze die Suchmaschine: Klexikon.
Verwende deine Tipps von den Seiten 55 und 57.
c) Schreibe einen Steckbrief wie in Aufgabe 1 in dein Heft.

→ Berlin, Dresden, Köln, Jena ...

▶  Video

Lese-Ecke
Eine Lügengeschichte lesen

In diesem Kapitel liest du unglaubliche Geschichten.
Ein Mann, der Münchhausen hieß, erzählte sie vor langer Zeit.
Angeblich erlebte er tatsächlich alles das, was er erzählte.

Ich bin der Baron* von Münchhausen.
Ich muss euch etwas erzählen!
Ihr werdet staunen, was ich erlebte ...

* Ein Baron war früher ein wichtiger und reicher Mann.

1 Vor dem Lesen

▶ Lese-Profi, Umschlag vorn

1 a) Sieh dir die Bilder an.

▶ Video

b) Lies die Überschrift.

c) Wovon erzählte Münchhausen in der Geschichte? Kreuze an.

☐ von seinem Unfall mit der Kutsche

☐ von seiner Fahrt mit der Kutsche

☐ von seinem Sprung durch die Kutsche

Mein Sprung durch die Kutsche

1 Ich war ein guter Reiter und hatte die besten Pferde.

2 **Ein Pferd** war **besonders geschickt** und **schnell**.

3 Davon will ich erzählen.

4 Eines Tages **jagte** ich mit dem schnellen Pferd

5 **einen Hasen**. Als der Hase über eine Straße lief,

6 **kam eine Kutsche** heran. Zwei Damen saßen darin.

7 Nun hatte ich ein Problem: Die **Kutsche versperrte**

8 **den Weg**. Ich **wollte** aber den **Hasen** noch **erwischen**.

9 Ich konnte nicht warten, bis die Kutsche vorbeifuhr.

10 Die Fenster der Kutsche waren offen.

11 Da **sprang ich mit** meinem **Pferd**

12 durch die offenen Fenster

13 mitten **durch die Kutsche** hindurch.

14 Das ging so **schnell**, dass ich

15 die Damen nur kurz grüßte. [V]

▶ Quiz

Eine Lügengeschichte lesen

2 Beim Lesen

▶ Lese-Profi,
Umschlag vorn

2 Was steht in den Abschnitten? Beantworte die Fragen.
Tipp: Die **Schlüsselwörter** helfen dir.

▶ Video

– Wie war das Pferd, von dem Münchhausen erzählte?

Das Pferd war

– Welches Problem hatte Münchhausen, als die Kutsche kam?

Die Kutsche

– Wie löste Münchhausen das Problem mit der Kutsche?
Kreuze das richtige Bild an.

**Du hast eine unglaubliche Geschichte von Münchhausen gelesen.
Du überlegst nun, was an der Geschichte nicht stimmen kann.**

3 Was ist unglaublich an der Geschichte und kann nicht stimmen?
Markiere dies im Text.

4 Wie könnte Münchhausen das Problem mit der Kutsche anders lösen?
Notiere eine eigene unglaubliche Idee.

→ unter der Kutsche
durchfliegen,
die Kutsche
fortblasen …

Eine weitere Lügengeschichte lesen

Hier liest du eine weitere unglaubliche Geschichte von Münchhausen.

  1 Vor dem Lesen

► Lese-Profi,
Umschlag vorn

►  Video

 1 a) Sieh dir die Bilder an.
 b) Lies die Überschrift.
 c) Zu welchem Bild passt die Überschrift? Markiere es.

Wie ich mich selbst aus dem Sumpf* zog

1 Vor langer Zeit war ich wieder einmal **auf der Jagd**.
2 Ich ritt auf meinem Pferd und **folgte einem Hasen**.
3 Er lief schnell über Wiesen und Felder.
4 Dann aber rannte der Hase **in einen Sumpf**.

5 Ich sprang mit meinem Pferd hinter dem Hasen her.
6 Leider merkte ich erst **mitten im Sprung**,
7 dass der **Sumpf** viel **zu breit** war.
8 Da hatte ich ein **Problem**, denn ich konnte **nicht**
9 **über den Sumpf springen**.
10 Ich **wendete** daher mein **Pferd in der Luft** und
11 **kehrte** wieder auf den festen Boden **zurück**.

12 Dann wagte ich den **Sprung** über den Sumpf
13 **noch einmal**.
14 Diesmal holte ich richtig Anlauf mit meinem Pferd.
15 Aber auch **beim zweiten Mal** sprang ich nicht richtig.
16 Deshalb **fiel ich** doch mit dem Pferd **in den Sumpf**.

17 Jetzt war ich in **Lebensgefahr**, denn ich **versank**
18 langsam **im Sumpf**.
19 Schnell **packte** ich **mich an den Haaren** und
20 **zog mich** mit aller Kraft **aus dem Sumpf** heraus.
21 Und ich zog **auch** noch **mein Pferd** heraus, das ich
22 zwischen meinen Knien festhielt.
23 Was bin ich doch für ein Held! V ►  Quiz

* der Sumpf: sehr schlammiger Boden,
in dem man versinkt und stecken bleibt

Münchhausen versuchte zweimal, über den Sumpf zu springen.
Jedes Mal hatte er ein Problem. Aber er fand immer eine Lösung.

2 a) Lies den zweiten Abschnitt noch einmal.
b) Welches Problem hatte Münchhausen beim ersten Sprung?
Ergänze.

Münchhausen konnte nicht

c) Wie löste Münchhausen das Problem?

Er wendete sein

3 a) Lies den dritten Abschnitt noch einmal.
b) Wie endete der zweite Sprung? Kreuze an.

☐ Münchhausen fiel in den Sumpf. ☐ Münchhausen blieb in der Luft stecken.

4 a) Lies den vierten Abschnitt noch einmal.
b) Welches Problem hatte Münchhausen nun? Ergänze.

Er war in Lebensgefahr, denn er

c) Wie rettete Münchhausen sich und sein Pferd? → mit seinem Pferd aus dem Sumpf

Münchhausen packte sich an den Haaren

und zog sich so

5 Was ist unglaublich an der Geschichte? Markiere dies im Text.

**Mit seinen Geschichten wollte Münchhausen seine Gäste unterhalten.
Die Geschichten gefielen den Gästen sehr. Sie staunten und lachten.**

6 Du hast zwei Geschichten von Münchhausen gelesen.
Gefallen sie dir? Schreibe die Antwort auf und begründe sie. → Ja/Nein, weil …

sie spannend sind,
sie übertrieben sind,
sie lustig sind …

Klick!
Deutsch

Arbeitsheft 6
Schreiben und Lesen

Textquellen

S. 22: Sarah Kirsch: Regenlied (vereinfacht), aus: Jo-Jo. Lesebuch 2. Ausgabe N, Cornelsen Verlag, Berlin 2009, S. 161; S. 24: Alfred Könner: Das leise Gedicht, aus: ABC-Suppe und Wortsalat, hg. v. Christa Holtei, © Patmos Verlag, Düsseldorf 2013, S. 12; S. 27–30: Das Zwergenloch im Hamkenstein, frei nach: Unbekannter Verfasser: Die Zwerge in den Erbsenfeldern, aus: Georg Schambach und Wilhelm Müller: Niedersächsische Sagen und Märchen, Vandenhoeck & Ruprecht, Göttingen 1855, S. 128f.; S. 34: Klappentext (gekürzt und vereinfacht), aus Steve Mould: Tierisch clever, übers. von Birgit Reit, © Dorling Kindersley Verlag, München 2021; S. 35: Klappentext (gekürzt und vereinfacht), aus Hans Jørgen Sandnes: Krypto – Geheimnisvolle Meereswesen, Bd. 1: Eine sensationelle Entdeckung, © Loewe Verlag, München 2021; S. 36: Klappentext (gekürzt und vereinfacht), aus Lena Hach: Spuk im Kiosk, © Gulliver in der Verlagsgruppe Beltz & Gelberg, Weinheim, Basel 2024; S. 38f.: Der See aus Limonade (gekürzt und vereinfacht), aus Lena Hach: a. a. O., S. 19f., 22f.; S. 60: Mein Sprung durch die Kutsche, frei nach: Gottfried August Bürger: Die Abenteuer des Freiherrn von Münchhausen, Anaconda Verlag, Köln 2010, S. 42; S. 63: Wie ich mich selbst aus dem Sumpf zog, frei nach: Gottfried August Bürger: a. a. O., S. 42f.

Bildquellen

S. 1: Cornelsen/Inhouse/Anne Weingarten; S. 2, 9, 11, 13, 15: Shutterstock/R-O-M-A (Vignette); S. 3, 55, 57, 59: Shutterstock.com/Art Alex (Vignette); S. 14f.: Grafiken: Cornelsen/Kein & Halm; S. 8: (1) stock.adobe.com/stock.adobe.compavel1964; (3) imago sport/imago sportfotodienst; S. 10: (1) Imago Stock & People GmbH/imago stock&people; (3) dpa Picture-Alliance/dpa; S. 12: (1) imago sport/Newscom World; (2) imago sport/Propaganda Photo; (3) Imago Sportfotodienst GmbH/Sven Simon; (4) Imago Sportfotodienst GmbH/MIS; S. 18: Shutterstock.com/Sergey Novikov; S. 26: Cornelsen/Wibke Thomsen; S. 32 (li.), 36: Illustration von Barbara Jung in Lena Hach: Spuk im Kiosk, © Gulliver in der Verlagsgruppe Beltz & Gelberg, Weinheim, Basel 2024; S. 32 (Mitte), 33, 35: Illustration von Hans Jørgen Sandnes, in ders.: Krypto – Geheimnisvolle Meereswesen, Bd. 1: Eine sensationelle Entdeckung, © Loewe Verlag, München 2021; S. 32 (re.), 34: Illustration von John Devolle und Bettina Myklebust Stovne, Covergestaltung von Sabine Hüttenkofer in Steve Mould: Tierisch clever, übers. v. Birgit Reit, © Dorling Kindersley Verlag GmbH, München 2021; S. 54: Helles Köpfchen/Cosmos Media UG; S. 55: fragFINN e. V.; S. 58: (1) Shutterstock.com/SergiyN; (2) Shutterstock.com/Sina Ettmer Photography

Illustrationen

Christian Bartz, Berlin: S. 2f. (Vignetten), 4f., 7, 48–53; **Raimo Bergt,** Berlin: S. 2 (Vignette), 33–35, 37–39; **Thomas Binder,** Magdeburg: S. 2 (Vignette), 8, 10, 26–31; **Alexandra Langenbeck,** Toronto: S. 2 (Vignette), 16f., 19–21; **Matthias Pflügner,** Berlin: S. 2 (Vignette), 40–47; **Ulrike Selders,** Köln: S. 2f. (Vignetten), 22–25, 32, 54, 56, 58, 61 (Vignette), 63 (Vignette); **Dorina Tessmann,** Berlin: S. 60–62

Impressum

Redaktion: Nina Trčka, Berlin

Umschlaggestaltung: Anja Rosendahl, Berlin
Layout und technische Umsetzung: Klein & Halm, Berlin
Umschlagillustration: Nils Fliegner, Hamburg

www.cornelsen.de

Die Cornelsen Lernen App ist eine fakultative Ergänzung zu Klick! Deutsch, die die inhaltliche Arbeit begleitet und unterstützt. Als solche unterliegt sie nicht der Genehmigungspflicht.
Die enthaltenen Links verweisen auf digitale Inhalte, die der Verlag bei verlagsseitigen Angeboten in eigener Verantwortung zur Verfügung stellt. Links auf Angebote Dritter wurden nach den gleichen Qualitätskriterien wie die verlagsseitigen Angebote ausgewählt und bei Erstellung des Lernmittels sorgfältig geprüft.
Für spätere Änderungen der verknüpften Inhalte kann keine Verantwortung übernommen werden.

Dieses Werk berücksichtigt die Regeln der reformierten Rechtschreibung und Zeichensetzung. Aus sonderpädagogisch-methodisch-didaktischen Gründen wurde bei einigen Komposita die fakultative Bindestrichschreibweise im Wortinnern verwendet.
Diese Schreibweise basiert auf den amtlichen Vorgaben des Dudens und dient der Leseerleichterung.
Die mit $\boxed{V}$ gekennzeichneten Texte sind aus didaktischen Gründen gekürzt und/oder verändert.

1. Auflage, 1. Druck 2025

Alle Drucke dieser Auflage sind inhaltlich unverändert und können im Unterricht nebeneinander verwendet werden.

© 2025 Cornelsen Verlag GmbH, Mecklenburgische Str. 53, 14197 Berlin, E-Mail: service@cornelsen.de

Druck: Athesiadruck GmbH, Bozen

ISBN 978-3-06-062187-3